世界基準の教師の育て方

NEW TEACHER INDUCTION

新任教師を成功させる育成プログラム

アネット・ブロー＋ハリー・ウォン 著

稲垣みどり 訳

教師みんなの夢を叶えるために

それは変化をもたらすこと

東洋館出版社

NEW TEACHER INDUCTION

教師みんなの夢を叶えるために――
それは変化をもたらすこと。

『New Teacher Induction（新任教師のインダクション）』
――新任教師のトレーニングを行い、サポートし、定着させる

アネット・L・ブロー
ハリー・K・ウォン

私たちの信念

①すべての子どもたち、新任教師が、敬意をもって接せられるべきです。

②すべての子どもたち、新任教師が、共に学び、成功することができます。

③新任教師一人ひとりが、貴重な人的資本です。私たちは、若い世代の手助けに人生を捧げるために、何年も準備をしてきました。そして、新任教師が確実に学んで成功するように導く責任があります。それは子どもたち一人ひとりが確実に学び、成功するように導く責任があるのと変わりません。

④新任教師を成功に導くには、トレーニングが必要です。新任教師を育てた上で辞められるリスクを負うほうが、育てずにとどまられるリスクを負うよりも、はるかにましです。

⑤インダクションのプロセスというのは、あなたが同僚のことを大切に思っていて、成功して長くとどまってほしいと伝える一番よい方法なのです。

私は教える

暗くなった魂に、私は火をともす
冷たくなった心を、私はあたためる
遠くに目を向けつつ、足元を見据える
表情の裏、皮膚の奥にあるものを見つめる
渇きを癒やし、痛みを鎮める
栄養になる糧を与える
触れ、愛し、笑い、泣く
必要なものは、何でも差し出す
それでも、私は与えるより多くを一人ひとりから受け取る
最も豊かな恩恵を受けている
――私は教える

アネット・L・ブロー

私たちが、なぜこの本を書いたか

「芸術作品が、そのつくり手より長く生き続けるように、教師の影響は、教師人生よりも長く生き続ける」

私たちは成功している多くの学校や学区が、有能な教師をトレーニングし、サポートし、定着させるインダクション・プログラムを採用しているのを見てきました。

何よりもまず、「こうした成功しているプログラムやストーリーを紹介したい」「基本的なノウハウを皆さんに提供したい」という思いがありました。新任教師を成功に導くインダクション・プログラムを組み立てるための青写真です。

インダクション・プログラムの効果は、有能な教師を定着させるだけにとどまりません。こうした教師が学級開きの日から、確実に成果を上げられるようにします。

この本を書く動機となったのは、私たちの四つの想いでした。

1 子どもたちへの愛情
2 良質な教育に対する信念
3 教師という職業に対する敬意
4 多くの学区が有能な教師を維持することに苦労していることへの懸念

有能な教師を維持することができないのは、現在の教育において最も深刻な問題だと考えています。成果を上げる教師がいなければ、子どもたちは良質な教育を受けられないからです。**教師というのは、多くの恩恵を受け、しかも社会に永続的な影響を残す特別な職業だと思います。**その責任は、軽くありません。教えることは、芸術です。そしてあらゆる芸術に共通することですが、能力だけでなく、忍耐や献身も求められます。彫刻家が大理石の塊を見て、そのなかにすばらしい像を見いだすように、本物の教師は、子どもそれぞれの中に傑作を見いだすのです。

すべての新任教師が、プロの教育者としてのきちんとしたトレーニングとサポートを受けるのは、絶対に必要なことです。その手に、信頼して子どもたちを預けるのですから。

アネット・L・ブロー　&　ハリー・K・ウォン

本書のハイライト

1　定着について

仕事を辞める教師の70～100%は、教室で「成果を上げる」あるいは「非常に成果を上げる」先生たちです（18ページ）。

ルイジアナ州ラフォーシェ郡の学校は、新任教師の離職率を1年で53%から15%に下げ、現在は7%前後を保持しています（143ページ）。

ニューヨーク市の公立学校は毎年800万ドルを（結果を出せずに）採用活動に使っています。一方でカリフォルニア州のニューヘイブン・ユニファイド・スクール学区はそれに比べるとほんのわずかな金額で、（結果を出して）インターネットで採用活動を行っています（165ページ）。

2　トレーニングについて

成果を上げる教師をトレーニングし、サポートし、定着させるインダクション・プログラムをつくるノウハウを、丁寧に説明しています（71ページ）。

模範的で取り入れやすいインダクション・プログラムの一覧を示しています（167ページ）。

イリノイ地区には、４年間のインダクション・プログラムがあり、教師は全米委員会資格証（national board certification）の取得に向けた準備ができるようになっています（169ページ）。

カンザス州のある学区は、そのインダクション・プログラムでNEA-AFT Saturn/UAW Partnership Awardを受賞しました。これは、学区と全米教育協会、地域の大学とが連携した功績に対して贈られたものです（168ページ）。

3　サポートについて

ルイジアナ州の教育委員会は、ラフォーシュ郡の非常にうまくいっているインダクション・プログラムを州のモデル・プログラムに採用しています（134ページ）。

ノースカロライナ州は、高校3年生に対し、教師になるための大学奨学金を2万6000ドル提供しています（166ページ）。

どうしてメンタリングだけではうまくいかないのかが、わかります（94ページ）。

ラスベガスのある校長先生のもとで働いている教師陣は、過去7年間で　人も辞めていません（ページ61）。

『New Teacher Induction』序文：日本の先生方へ

高いパフォーマンスを上げる学校の特徴

日本の学校のような、高いパフォーマンスを上げている学校では、次の3点に力を入れています。

①**採用**：精選し、適した人材を採用する。
②**トレーニング**：教師、指導主事に対し、長期にわたる広範囲なトレーニングを行う。
③**権限を与える**：慎重に選び、トレーニングを行った教師や指導主事たちに権限を与え、システムの運営を任せる。

トレーニングはすぐに始まる

新任教師のトレーニングは採用後すぐに始まります。インダクション・プロセスは初日から開始され、新任教師は一緒に働く職員たちに速やかに紹介され、必要な情報もできるだけ早く伝えられます。これは新任教師を尊重し、歓迎していること、公平な指導力を高める継続的、協力的な専門能力の開発のサイクルが始まるというメッセージでもあります。

これからキャリアを始めようという新任教師は、やる気に満ちています。そして計画的かつ体系立ったインダクション・プロセスによって、そのやる気はさらに高まるでしょう。そこでは、子どもたちの学びの目標を理解し、共有のカリキュラムを使い、指導主事のサポートを受け、同僚たちが成長しようと懸命に努力しているのを見ることになります。

インダクションのサイクル

インダクション・プロセスでは、教師は主に学級の運営をうまく行っていくことに意識を向けます。研究では、このプロセスを「集合的効力」や「協働効果」と呼んでいます。日本では、このプロセスは「校内研修」と呼ばれています。教師が教える仕事を始めるにあたり、学校が実施している継続的な能力開発のプロセスです。教師は、共同で計画を立て、学級を見てもらい、授業後に話合いを行い、授業を改善するという循環に入ります。

本書では、アメリカの様々な学校でインダクションがどのように実施されているかを紹介しています。そうすることで、皆さんの現在の学校システムをさらによくするために採り入れられることを見つけてもらえれば、と願っています。

子どもの学びと達成にとって大切なのは、成果を上げる教師です。組織立った、明確な目標のあるインダクション・プロセスは、教師と子どもたちの成功の土台となります。

世界基準の教師の育て方

目　次

第2章　子どもの学びをよくする唯一の方法

種まき

第3章　インダクション・プログラムを構築する

種の養生

第４章　新しい教師を指導する

環境を整える

第５章　インダクション・プログラムの例

発芽

第６章　さらなるインダクション・プログラム

開花

第７章　明日への投資

保管

第1章　教師入門

土壌づくり

土壌づくり

この美しい日に感謝を捧げよう。この命に感謝を捧げよう。命の源である水に感謝を捧げよう。私たちを守り育む、母なる大地に感謝を捧げよう。

アメリカ先住民ラコタ族の祈り

インダクションに対する研究やインダクション・プログラムを私たちにシェアしてくれた多くの人たちに心から感謝します。新任教師は苗木のようで、教育におけるリーダーとして育つには、きちんとした準備が必要です。

新任教師の人生を豊かにすることを願っているすべての人に、この本を捧げます。

「あなたのインダクション・プログラムのおかげで、妻が教師として救われただけではなく、私たちの結婚生活も救われました。それまで妻は家でも学校でも、辛そうでした。それがインダクション・プログラムを受けてから、教師としてとてもうまくいくようになったようで、今では常に幸せそうにしています」

アネット・L・ブローに語られた話

スー・マングラムは大学をトップの成績で卒業し、特に優秀な教育実習生に選ばれました。教わっていた先生に影響を受けて、高校生のときから教師になりたいと思っていたのです。だから大学の4年間と学費は、未来への投資でした。教師になることで、子どもたちにできるだけよい影響を与えたいと考えていました。

大学を卒業したスーは、自分には教える準備ができていると考えていました。でもあとから、こう述べています。「全く駄目でした、何もわかっていませんでしたし、誰も教えてくれませんでした。教えることがこんなに難しくて、こんなに孤独だなんて夢にも思いませんでした。教え始めて1週間で、もう**教師を辞めたい**と思いました」。

スーは、ハーバード教育大学院における、「次世代の教師に関するプロジェクト」の研究対象となっていました。主任研究員のスーザン・ムーア・ジョンソンによると、新任教師の状況は以下のように述べられています。

「最初はひどいものでした」と、ある新任教師は自身の学級開きを振り返って言いました。新任教師向けのオリエンテーション・ミーティングでは、実際に教え始めるにあたって役立つことは見いだせませんでした。どのクラスを受け持つのかも、学校が始まる前日に職員会議でスケジュールを渡されるまで知らされませんでした。新人へのサポートを過剰に期待していたわけではありませんが、それでも組織立ったインダクションがないことには驚きました。[1]

1　辞めていくのは、成果を上げる人

アメリカの都心部の学校における新任教師で、1年未満で辞めていく人の割合は、9.3〜17%だと推測されています。7年以内に40〜50%の人が辞めていき、そのうち3分の2以上は教え始めて4年未満で学校を去ると言います。

さらに優秀な教師ほど、辞めていく割合が高いという結果も出ています。ノース・セントラル地域教育研究所（ＮＣＲＥＬ）の研究によると、地域の大半の教育長が、辞めていく教師の70〜100％は教室で「成果を上げる」、あるいは「非常に成果を上げる」人材だと

言っています[2]。

数多くの研究で、次のような早期退職する理由が挙げられています。

・サポートの欠如
・仕事に対する幻滅
・ワーク・ライフ・バランスの維持が難しい
・過剰な事務処理
・学級経営が不十分
・子どもへのしつけの問題
・過剰なストレス[3]

2　インダクション：新任教師にトレーニングを行い、サポートし、定着させる

本書の目的は、多くの学校や学区で使われている、新任教師を成功に導くためのプログラムを読者の皆さんと共有することにあります。新任教師にトレーニングを行い、サポートし、定着させるプロセスを、**「インダクション」**と言います。

インダクションとは何か？

インダクションとは、組織化されたトレーニングのプログラムで、学校が始まる前から行い、2年以上にわたって続けます。主として、三つの目的があります。

1　学級経営、そして成果を上げる指導方法を教える
2　新任教師の困難を減らす
3　優秀な教師の定着率を最大限にする

インダクションは、新しい教師をサポート・指導し、教えることに慣れてもらう（学区や学校における責任、使命、哲学を理解することも含む）ためのものです。

結果を重視し、新任教師をできるだけ早く、成果を上げる教師へと導くトレーニングを行います。成果を上げる学校は、教師をトレーニングし、サポートすることがいかに大切かを知っています。教師も、自分が成功でき、サポートを受けられる学校にとどまります。

3　教師のクオリティ・トップ10の州

『エデュケーション・ウィーク』は、年に1度教師の「クオリティ・ランキング」の特集号を発行します。２００２年1月10日号によると、過去1年で**最も教師の質が向上**したのは、以下の10州でした。

・ノースカロライナ州
・コネティカット州
・マサチューセッツ州
・サウスカロライナ州
・アーカンソー州
・オクラホマ州
・ケンタッキー州
・インディアナ州
・ニュージャージー州

・バーモント州

・上位9つの州では、新任教師のインダクションを義務づけ、予算も割り当てていました（メンタリングではありません）。

・残りの40州のうち、新任教師のインダクションを義務づけ、予算も割り当てていたのは、わずか6州でした。

包括的なインダクション・プログラムを行っているのは、50州のうち15州だけです。もっと多くの州がインダクション・プログラムを採用しているかのような紛らわしいデータもありますが、正確とは言えません。オリエンテーション・ミーティングやメンタリングしか行っていないものを、インダクションに含めているからです。

この「教師のクオリティ・ランキング２００２」の調査から、はっきりと見えてくることがあります。インダクション・プログラムを用いて成果を上げられるようトレーニングを行えば、教師のクオリティは上がるということです。

教師のトレーニングと能力開発に力を入れている学校や学区では、子どもたちが高いレベルで学びを達成することができる。

『最も大切なこと：アメリカの未来のために教える（What Matters Most: Teaching for America's Future)』によると、**学校をよくしていくために必要なのは、教師を採用し、トレーニングし、定着させる戦略です。**[4]

今後10年間で、アメリカでは200万人以上の新たな教師を採用しなければならないことが、様々な研究で明らかになっています。増加し続ける学校への入学希望者への対応、定年退職を迎える教師との入れ替え、そして、アメリカの学校に蔓延している新任教師の自然減に対処するためです。

『エデュケーション・ウィーク』の「教師のクオリティ・ランキング２０００」によると、インダクション・プログラムに参加していない教師は、参加した教師よりも3年以内に離職する確率が2倍近くにのぼると言います。そして重要な問いかけをしています。

それぞれの州では、優れた教師を惹きつけ、定着させるために何を行っているのだろうか？

しかし、この問いかけに対する「教師への研修に関する調査」の答えは、**「十分ではない」**でした[5]。

訓練中のパイロットが一人で操縦している飛行機に乗りたいと思いますか？

教師に対してインダクション・プログラムを行わないということは、パイロットに対して、初めてのフライトを乗客が大勢乗っている飛行機で行わせ、飛びながら操縦の仕方を学んでほしいと言うようなものです。航空業界では考えられないことですし、世間もそんなことを許すはずもありません。ですが新任教師には、ごく当たり前に行われていることです。

新任教師には、暗にこうしたメッセージが投げかけられています。

自分で考えること…

自分でやること…

そして、自分の中にとどめておくこと…

悲しいかな、採用されたら最後、新任教師は放っておかれ、自分の力でなんとかやっていくしかありません。サポートはほとんど、あるいは全くなく、大学での授業や教育実習がどんなに有意義なものであったとしても、実際にクラスの前に立つ準備としては不十分だったことを思い知らされます。

助けを求めようにも、助けてくれそうな人も見当たりません。こうして多くの教師はキャリアの早い段階で、教えることを辞めてしまうのです。そしてあとに残るのは、教師という仕事に対する幻滅と苦い思い出です。

教え始めたばかりの教師が、すんなりと教育の現場に入っていけることは、まずありません。慌ただしく採用され、教室に一人取り残され、あまり手助けもしてもらえないというのはよくあることです。「自力でなんとかするように」という姿勢が一般的なのです。結果、新任教師の離職率は、経験を積んだ教師の5倍も高くなっています[6]。しかも公立学校では、荒れたクラスが新任教師に割り当てられることもあります。他の職種や他国の状況とも違い、アメリカにおける新任教師は、一番手ごわいクライアントを受け持ち、指導以外にも面倒な仕事を引き受けざるを得ない状況にあります。[7]

「自力でなんとかするように」と放り出された新任教師は孤独を感じ、戸惑い、無力感を味わいます。それでも、他の教師陣からネガティブな評価を受けることを恐れ、助けを求めることを避けるのが一般的です。新任教師は、基本的に経験豊かな同僚と同じ仕事を、あるいはもっと過酷な仕事を、彼らと同じレベルの技術や能力でこなすことを求められているのです。

新任教師の立場を擁護する人が少なすぎる[8]

ヴァータン・グレゴリアン（ニューヨーク・カーネギー財団会長）

4　期待は怖い

仕事を始めたばかりの教師でも、多くの経験を積んでいる教師と同じ仕事や責任を持つことが期待されます。

仕事を始めたばかりの教師でも、すぐに全部の仕事をこなし、仕事をしながら学んでいくことを期待されます。

仕事を始めたばかりの教師でも、初日から完全に準備ができていて、それ以降も継続的な成長を期待されます。

教師がその職にとどまるかどうかは、最初の数年によるところが大きいと言われます。それどころか、ダグラス・ブルックスによると、最初の2、3週間がその分かれ目になり得るようです。1年間がうまくいくかどうかは、そこで決まるからです[9]。ノースカロライナ州の公立学校フォーラムが公表しているレポートによると、「調査の結果、7年以上勤めた教師は、それ以降も長期にわたって教えるキャリアを続ける傾向にあることがわかった。ただ、多くの人はそこまでたどり着かない[10]」と述べられています。その重要な地点まで教師がたどり着くようにするためには、どうすればいいのでしょうか。

その答えは、きちんと組織化され、安定した、新任教師のためのインダクション・プログラムを行うことなのです。

5 定着とサポート：重要な結び付き

自分でも、ここまで教育に携わってこられたのが意外なくらいです。採用されたときは、「教室に行って教えるように、そして5月までそれに専念するように」と言われたきりでした。メンターさえ、つけてもらえませんでした。

フロリダ州で、25年以上のキャリアを持つ教師（人事担当）

新任教師が採用されたら、すぐにトレーニングを行い、それ以降の継続的なサポートを受けられるようにしなければなりません。 そうでなければ、彼らを学校に繋ぎとめることはできません。アメリカの学校が200万人の新任教師を採用して、これまでに多くの教師が体験してきたような、自力でなんとかするしかない状況が続いたなら、7年以内に100万人が離職するでしょうし、都心部の学校であれば、辞めるタイミングはさらに早いでしょう。つまり、採用というのはインダクション・プログラムのほんの一部でしかないのです。

フォーチュン誌の特集記事に「働きがいのある会社100」が掲載されました。第1位に選ばれたのは、容器販売を行う小売店でした。そこでは、従業員は年間235時間のトレーニングを受けていました。第2位のサウスウエスト・エアラインズの従業員は年間70時間、第3位のシスコ・システムズの従業員は年間80時間のトレーニングを受けていました。それぞれの会社が、新入社員に対して「さあ、すぐに働いてくれ。終業時刻まで顔を出さないこと。手助けが必要なら、メンターをつけるから」ということは想像できないでしょう。

こうしたサービス業と比べると、教育の現場では新しく入った教師を初日から年間を通じてサポートすることができていません。新任教師の仕事がうまくいかないのも無理はありません。そして子どもたちも成功できなくなってしまいます。

するとどうなるのでしょうか。その対応としては、さらに教師を採用するものの、サポートをしないか、あるいはメンターをつけるだけです。その結果、有望な新任教師は数年で辞めていってしまいます。教室は戦場と化し、その解決には新たな軍勢が送り込まれます。少なくとも軍隊のほうが、隊員のトレーニングに時間をかけているでしょう。

問題は**サポート**です。やる気に満ちた新任教師がわずか数年で辞めていってしまうのは、人的資本の無駄遣いです。彼らは教育に対して苦い思いを胸に、給与に不満があるわけではなく、**サポートの欠如**から去っていくのです[11]。

カリーナ・ロバートソン・リードは、以前コロンビア特別区で教育長補佐をしていました。その経験からもインダクション・プログラムは採用の一環だと言います。「『**ここに勤めたら、どんなサポートを受けられますか？**』というのは、ボーナスの話よりも先に出てくる質問です。教職志望者は、まずそのことを聞いてきます」。

リードはさらに言います。「サポートを何度も繰り返すことで、これは本当に大切なことだと実感しました[12]」と。

6 インダクション・プログラムは必要な投資

インダクション・プログラムは、新任教師に継続的なトレーニング、サポートを与え、離職を防ぐためにも賢い投資と言えます。こうしたプログラムに参加した教師は、より有能な、成果を上げる教師となります。有効なインダクション・プログラムにより指導の質が向上することで、子どもたちの学びも達成されます。

教師をサポートし、定着させようとプログラムを導入している学区も数多くありますが、依然として新任教師にほとんど、あるいは全くサポートを行っていない学区も多いのは残念なことです[13]。「新任教師が受けるのは学校のオリエンテーションだけ」というのが一般的です。アメリカでは28の州で、インダクション・プログラムの提供を義務づける、あるいは推奨する法律があるにもかかわらず、学区に対して新任教師全員にインダクション・プログラムの提供を義務づけている州は15にとどまっています。そしてそのうち、州が費用のすべて、あるいは一部を負担しているのは10州のみです[14]。

数年にわたるインダクション・プロセスの目的は、教師が成功し、成果を上げ、学校や学区に定着するプロの教育者となるよう、手助けをすることです。インダクション・プログラムは、成果を上げる教師のトレーニングと定着に実際に成功しています。

7　よくある1年目の経験

新しい教師が採用されると、それが新人でも中途採用者でも、学区や学校で一般に行われることは次の三つです。

1　教師は課題だけを与えられる

教師は課題だけを与えられ、すぐに授業をするように言われるのは、よくあることです。サポートをしてくれる人もいなければ、きちんと組み立てられた計画もありません。これは航空会社が採用したばかりのパイロットに向かって、こう言うようなものです。「ゲート17で自分の飛行機を見つけて、乗客を乗せてメンフィスまで飛んでください」と。

多くの研究によると、こうした体験をした新任教師は、3年から5年後以内に50％が辞めてしまうと言います。そのうち17％は1年以内に退職してしまいます。貴重な新任教師の能力や意欲が、そして彼らの人生の1年から5年が無駄になり、教育に対して持っていたはずの情熱も失われます。

2　教師にはメンターがつく

この点については、研究結果がはっきりと示されています。新任教師に単にメンターをつけるだけでは、うまくいきません（「メンタリングだけを有効だとする調査結果はない」94ページ参照）。「困ったことがあれば相談するように」とメンターを決めておくだけでは十分ではありません。このようなシンプルなやり方でうまくいくほど、教師という職業は単純ではありません。メンターがトレーニングを受けていて、必要に応じて親身にアドバイスをしてくれるかどうかは、運に任せるしかありません。メンターの考え方やトレーニング、スケジュール、能力に振り回される可能性もあります。航空会社が採用したばかりのパイロットにこう言うところを想像してみてください。「会社には研修プログラムはないが、これが君のメンターの電話番号だ。３万５０００フィートの上空で困ったことが発生したら、連絡するといい」。

個々にメンターをつけるやり方には、一貫性がありません。20人の新任教師に20人のメンターがつけば、20人の異なった教え方が伝わることになります。学校は何をしでかすかわからない人物だらけになり、首尾一貫した学校文化はなくなります。

3　教師はインダクション・プログラムに参加する

新たに採用された教師は、組織化、統合化された数年間にわたる計画に組み込まれます。この計画は学区の指導主事や教師などが関わっており、新任教師を歓迎し、トレーニングを行い、学校や学区の一員だと感じてもらえるように構成されています。その一環として訓練されたメンターがつきます。このメンター自身もこうしたインダクション・プログラムを経験していますし、プログラムのトレーニング・スタッフの場合もあります。新任教師は、助けが必要だと思えば、プログラムの誰に相談しても構いません。その相手が同じような新任教師であることもあるでしょう。学校、地域に一貫した文化があるからです。

ロバートの例

彼は学校にオリエンテーション・ミーティングがあると聞き、こう思ったそうです。「よかった。知りたいことは教えてもらえるだろう。学校の様子がわかるはずだ」と。学校や同僚のこと、学校で使用している教材や機器、その他仕事をしていく上で役立ちそうなことを学べるものと期待したのです。ところが「期待外れでした」と彼は言います。一連のミーティングは一般的な内容に終始し、「この学校が実際にどう運営されているかに焦点が絞られていなかったのです。冗談かと思いました」。

8 インダクション：新任教師の成功のカギ

1991年秋、ミシガン州、ポート・ヒューロン学区（学校に通う子どもは1万2000人）では、今後5年以内に経験豊富な教師たちの多くが定年を迎えることになり、その空席を新任教師で埋める必要がありました。そこで1991年、新任教師向けのインダクション・プログラムを始めたのです。学区の人材開発部門と教職員組合が協力して完成したものでした。創設時の責任者で、後に地区の教育長に就任したウィリアム・

キンボールはこう言います。

7年が経ち、ベテラン教師よりもインダクションで採用された教師のほうが多くなりました。学校文化が変化したことで、空気が変わったことがわかります。

1　インダクションは定着率を高める

- 資格を持つ新任教師のうち33%が、3年以内に辞める。
- 資格を持つ新任教師のうち50%が、7年以内に辞める。
- 最初の数年間にサポートを受けた新任教師は、95%が3年後も仕事を続けている。
- サポートを受けている教師の80%が5年後も仕事を続けている。[15]

2　インダクションの目的とは何か

インダクションは、新任教師に向けてトレーニングとサポートを提供する組織化された取組で、学校が始まる前から開始され、2年から3年は続くものです。その目的は、以下を含みますが、ここに挙げるものに限定されません。

①すんなりと授業を行うことに入っていけるようにする
②成果を上げる学級経営や指導技術などのトレーニングを通じ、教師がより成果を上げられるようにする
③学区の文化を広める。哲学やミッション、運営方針や手順、目標など
④有能な教師の定着率を最大限にする

数年にわたるこのプロセスは、学級開きの前に行われる4、5日間のトレーニングから始まります。この最初のトレーニングでは、成果を上げる学級経営、学級開きの手順、規律、指導計画作成などの基礎を教わります。

インダクションという言葉は、メンタリングやオリエンテーションという言葉と混合されがちです。メンタリングは、インダクション・プログラムの一部でしかありません。オリエンテーションもそうです。多くの学区では新任教師にメンターをつけたり、オリエンテーションを1日行ったりするだけで、それを「インダクション」としています。ですがこうした場合、教師はインダクションを受けたとは言えません。

メンタリングやオリエンテーションだけでは、有能な教師を繋ぎとめるには十分ではありません。ですが、インダクション・プログラムの大切な要素の一つではあります。インダクション・プロセスは組織として取り組むものです。情報提供やサポート、フィードバック、コーチング、ガイダンス、モデリングなど、多くのものを提供します。教師の成長を一定の期間見守り、その成長の段階も明らかにします。

インダクション・プログラムは、一般に難しいとされている教育について「指導を受ける立場」から、実際に教室で子どもたちを「指導する立場」に移行する過程をサポートします。研究によってインダクション・プログラムの有効性が明らかになっただけではなく、すべての新任教師がこうしたプログラムを受けることの重要性がわかりました。

つまり、もはやインダクション・プログラムを提供すべきかどうか、ということが問題なのではなく、すべての教室に有能な教師を定着させるためには、どのようにインダクション・プログラムを開発すべきかを考えるべきなのです。

POINT

第1章のポイント

STEP 1

共有した情報

・最も優秀な教師が、一番多く辞めていく。
・新任教師は、仕事を辞める理由としてサポートやトレーニングの欠如を挙げている。
・インダクションを受けていない教師は、受けている教師よりも辞める確率が2倍高い。
・教師のクオリティが最も向上した州には、共通していることがあった。インダクションだ。
・メンタリングはインダクションという、組織化され、継続して行われるトレーニング・プロセスの一要素でしかない。

STEP 2

変化を起こすために、あなたができること

・何かを「知っていること」と「実行すること」は違うと認識する。
・得た知識は、実践に生かさなければ意味がない。
・何かを実行すると決めること――あなたの学校や学区で最も優秀な教師陣にトレーニング、サポートを提供し、定着させるために必要なことを行う。これ以降の章は、あなたが変化を起こす旅の道標になるだろう。

STEP 3

あなたの学校組織に役立つこと

・クオリティの高いトレーニングは、クオリティの高い指導につながる。
・クオリティの高い教師は、子どもたちに高いレベルでの学びを達成させる。

CHAPTER 1

第2章　子どもの学びをよくする唯一の方法

種まき

種まき

心が一番喜ぶときは、屈んで人を引き上げたときだ。

ジョン・アンドリュー・ホーマー

資格を持たず、正式なトレーニングも受けていない教師は、最も学びを必要としている子どもたちを任されることが多く、それが子どもたちの学びの改善を妨げていることがあります。「学校と教員に関する調査」によると、貧困層やマイノリティーが多い学校は、担当する教科での最低限の学歴も持っていない教師にクラスを任せていると言います[1]。

中学校の4分の1（24％）のクラスでは、担当している教師は教えている教科を大学で、副専攻としても学んでいないと言われています。貧困層の多い学校では、この割合は3分の1（34％）にまで上がります。対して貧困層の少ない学校では、その割合は5分の1（19％）に下がっています。同じように、マイノリティーが多いクラスの29％は、専門外の教師が受け持っていて、そうでない場合の21％よりも高い割合となっています。こうした学校の子どもたちは、優れた指導を誰よりも必要としているにもかかわらず、他の子どもたちよりも、経験のあまりない、あるいは資格のない教師に教わる確率が２倍も高いのです。

さらに残念なことに、ほとんどの場合、こうした教師たちは十分なオン・ザ・ジョブ・トレーニングを受けていません。

変化を起こすのは、教師です。１９６０年代に、教育者たちは貧困と子どもたちの学びの達成の関係について調べ始めました。当初は、「貧困そのものがパフォーマンスに影響するのではないか」と皆が考えていました。ですが後に研究者たちは、中流階級や富裕層が大半を占める学校では、低所得層の子どももパフォーマンスがよいことに気づきました。つまり、学校での教育体験が、パフォーマンスに影響していたのです。低所得層の子どもと、富裕層の子どもの達成度にギャップがある理由は、不均等な教師の配置でした。**貧しい地域の学校には、経験が少ない教師が配置されているのです。**[2]

「教師の能力が、子どもの学びの達成に影響することを示す十分な根拠がある[3]」

1　子どもの達成と教師の経験

ヴァージニア・レスタとレスリー・フーリングは、「新任教師の離職の多さは予算面でも望ましくないものの、もっと大きな問題は子どもの学びが犠牲になることだ」と述べています。[4]

例えば新しい教師が辞め、二人目の新しい教師が引き継ぎ、その教師もうまくいかずに辞めてしまい、三人目の新任教師が授業を受け持つというシナリオが考えられます。

3年後、仮に3年間経験を積んだ教師が教えているクラスと比べたとして、このクラスは成果を上げられているでしょうか。子どもたちが学びを達成できない状況が続くなら、受けてきた指導の質を疑ってみるべきでしょう。

レスタとフーリングはさらに、**「子どもの達成と教師の指導経験について分析をしている地域はほとんどない」**と言います。

それでも、テキサス州のある特定の地域ではその分析を行い、教師の経験と子どもの学力テストの結果に重要な相関関係があることを発見しました。TAAS（Texas Assessment of Academic Skills）〔訳注：現在、同州で実施されているのはTAKS（Texas Assessment of Knowledge and Skills）〕の合格率を、1年目の教師に教わっていた子どもたちと、5年以上の経験がある教師に教わっていた子どもたちで比較したところ、はっきりと経験豊かな教師に有利な結果が出たのです。

例えば「読むこと」の結果では、教師の指導経験は、民族やジェンダーの違い、あるいは学歴以上に差を生み出していました。唯一、指導経験以上に大切だという結果が出たのは、教師の読書体験でした。

つまり、新任教師に成功するための必要なインダクション・サポートを怠ると、子どもたちの学びに大いに影響するのです。もし、教育委員会、指導主事が子どもの学びの達成を真剣に考えているのなら、新任教師へのインダクション・サポートを真剣に考えるべきなのです。

2　わずかな費用で子どもたちの学力を高める

「大規模な調査によると、教師の質を上げるために使った費用は、学校内の他のどんなことに使った費用よりも子どもたちの学びの向上に役立ったことがわかった」[5]

てっとり早い改善を求めて「白馬に乗ったプログラム」に何十億ドルも投資するようなことを、私たちはもうやめるべきでしょう。それよりは教師に対して、そして教師が成果を上げられるようになるために、投資を始めたほうが賢明です。現在、各種プログラムへの投資に使われている金額に比べたら、わずかな費用しかかかりませんし、はるかによい結果を生みます。**成果を上げる学校や学区は、教師の指導法をよくするために投資します。**

新しい教育関連のテクノロジーやプログラムは、すばらしいものかもしれません。ですが、それを利用する教師が基本的なスキルを身につけていて、効果的に使うことができればの話です。アメリカのすべての教室に成果を上げる教師がいれば、こうしたプログラムの市場は崩壊するかもしれない、と考えることはできないでしょうか。

この国の学校や教室の問題すべてが教師に関わっているとは言いませんが、私たちが確信を持って言えることがあります。

トレーニングを受けた、有能で愛情を持った教師がすべての教室にいたなら、子どもたちの学び、学習意欲、生活態度が劇的に改善され、規律の問題は減少するでしょう。

プログラムは子どもたちを教えません。教えるのは、教師です。

テキサス州、ヒューストンのウォーシャム小学校の例を見てみましょう。ホーリー・フィサッカリーが校長を務めるこの学校では、子どもたちの86％はヒスパニック系、88％は経済的に恵まれず、50％は十分な英語のスキルを持っていません。それでも、１９９９年には学校のヒスパニック系の３年生、４年生の子どもたちの98％がＴＡＡＳリーディング・テストに合格しました。これまで白人の子どもたちの合格率は97％、州全体のヒスパニック系の子どもたちの合格率は84％という格差を改善したのです。[6]

フィサッカリーは何か特別なプログラムを使って、こうした結果を出したわけではありません。唯一彼女が力を入れたのは、**成果を上げる教師の育成**でした。毎年、すべての新任教師に対し、放課後に週2、3回の90分間のトレーニングを行ったのです。

「手助けが必要な新しい先生、そして子どもたちには、できるだけ早くそれぞれ最高の実力を発揮できるようにしなければなりません」と彼女は言います。

さらには、毎週学年ミーティングを行い、子どもたちの教育環境や達成度について話し合っています。1999年に特別に手助けが必要だった230人の子どもたちには、週2回、放課後にスキル開発のためのクラスを設けました。このフィサッカリーの行動は、元テネシー大学のウィリアム・サンダースの発見に基づいています。


「教師が成果を上げられるようになると、一番に恩恵を受けるのは、あまり学びを達成できていない子どもたちである」[7]

ウィリアム・サンダース

3　子どもの達成度と成果を上げる教師

「私たちはあまり恵まれていない子どもたちを受け入れ、学校では体系的に与えるものを減らしていく。学校の役割は、とてつもなく大きい。その中でも一番大切なことは、優れた指導だ[8]」

カティー・ヘイコック

テネシー大学ノックスビル校の研究者たちによると、能力不足の教師が及ぼす悪影響は将来にわたって続き、何人かのこうした教師に続けて教わると、子どもたちは学力において深刻な不利益を被ってしまいます。**一人の能力不足の教師の影響は、2年後のテストの点数にも現れていました。**テネシー、ダラス、ボストンでの研究では、一人の成果を上げられない教師に教わった子どもたちには、成果を上げる教師に教わった子どもたちと比べると「1年分もの遅れ」が見られました。仮に3年連続で成果を上げられない教師に教わったなら、パフォーマンスへの影響はより深刻なものになります。その後も遅れを取り戻せないままになってしまう子どもも、少なくありません。

1996年にウィリアム・サンダースはテネシーの二つの学区のデータを使って、教師を五つのグループに分けました。最も成果を上げられない教師から最も成果を上げられる教師までの5段階です。その結果、成果をあまり上げられない教師に3年連続で教わった子どもたちは数学の点数が50パーセンタイル以下となりました。対照的に、非常に成果を上げる教師に3年連続で教わった子どもたちは、上位80パーセンタイルの点数でした。サンダースはこう結論づけています。**子どもの進捗に一番、そして唯一影響するのは、教師です。**このことは、社会経済的なステータスよりも重要なのです。

簡単に言うと、能力不足の教師、あるいはこうした教師が二人続いた場合には、子どもへの影響は何年にも及ぶ可能性があるということをサンダースは発見したのです。逆にいうと、よい教師の影響も、数年後まで子どもに見られます。同時に、非常に成果を上げられる教師は、どこの地域・学校であっても、子どもに重要な成果をもたらしました。[9]

ダラスの研究者たちは、サンダースの研究をさらに進め、あまり成果を上げられない教師は、時間を経ても子どもたちのパフォーマンスの低下を招くことを証明しました。それは、子どもが後にもっと能力のある教師に教わっても変わりませんでした。[10] **このような結**

果が出ているにもかかわらず、教師をよりよい教師にするためのトレーニングに予算を割いている学区は一部しかありません。

『教育における政策研究のためのコンソーシアム（The Consortium for Policy Research In Education）』によると、教育関連の費用のうち、人材開発に使われるのは約1％とのことです。同研究では、それを3％に増やすことを勧めていますが、それでも民間企業の平均である、予算全体の7％と比べると低い数字です。

また、ナショナル・スタッフ・デベロップメント・カウンシル（教師の専門能力の開発を通じて、子どもの学力を向上させることを目的とする教育機関）は、学校の予算の10％を人材開発に当てることを推奨しています[11]。

児童の状況や性質が似ている、優秀な小学校とそうではない学校を比較する調査では、リーディングと算数の達成度の90％は教師の能力の差だったということがわかりました[12]。

要するに、有能な教師は子どもの学びを高いレベルで達成できるのです。このことを念頭に、教師の能力について見てみましょう。

4 教師の能力：それが問題だ

「教師の能力――それは子どもたちの成功にとって一番強力な予測値。教師の能力は、私たちの学校が直面している重要課題というだけにとどまらない。それが問題なのだ。そこに取り組まない限り、多くの時間と資源は失われ続けていく。一番大切なもの、それは教師の能力[13]」

サン・ミナー

何百という研究が、能力不足の教師よりも準備の整った教師のほうが成果を上げられるとしていますが、トレーニングを受けていない教師を採用する慣習は依然として続いています。

新しく採用される教師の12％以上はトレーニングを全く受けずに教室に入っていく「先生」で、さらに多くの新任教師は州の求める水準を完全には満たしていません。排水工事やプールの監視、遺言の作成、ビルの設計、医療行為などを生業とする人は、それぞれ専用の研修を受けます。基準に達していない人は、仕事を任せられることはないでしょう。にもかかわらず、40の州では、緊急の場合は基本的な試験や必要とされるトレーニングを受けていない教師の採用を許しています[14]。

資格を持っている教師でさえ、教える準備ができていないことは多いでしょう。資格を持った新任教師の離職率がそれを裏付けています。資格の有無にかかわらず、教える準備のできていない教師が多すぎます。そして十分な準備なしには、教師は成果を上げられません。

ですから子どもたち全員が毎日、有能な教師に教わることができるように、トレーニングやサポートに力を入れないのは、おかしいとさえ感じます。**繰り返しますが、最新の教育革新を追い求めても、答えは見つかりません。トレーニングを行い、成果を上げる教師を育てることのほうが大切なのです。**次の研究では、常識として認識されてきたことを改めて肯定しています。

> スキルと知識を備えた教師の存在が、子どもの学びの程度に膨大な影響を与える[15]。

5　インダクション・プログラムで何ができるか

> セントラル・オフィスの人材開発担当として、インダクション・プロセスには絶対の信頼を置いている。地域の文化や使命、信念を、新しい教師が入ってくるときに伝えなければ、いつ伝えるのでしょう？
>
> ジョアン・ハーン
> ウィチタ・パブリック・スクールズ、カンザス州

すべての新任教師が正式に歓迎を受け、地域の使命や哲学、手順や文化を学ばなければなりません。学級経営に関するトレーニングを受け、学級開きに備えます。自分に何が期待されているのかをしっかりと把握し、その責務を果たすための継続的なトレーニングやサポートを受けることが必要です。

メンターによる指導、指導主事や他の教職員の理解とサポートも求められます。学校で成果を上げていくための存在として、新任教師が学校全体に受け入れられていると感じら

れなくてはなりません。

> 心が一番喜ぶのは、人を助けること。
> 新任教師の成功を助けることで、私たちは子どもたちの成功を助ける。

学びにおいて、子どもたちにより高い水準が求められている今こそ、よい指導が重要です。それは、運任せにすべきことではありません。有能な指導者は、教える内容を深く理解し、子どもたちにやる気を起こさせ、学びを促す指導法を心得ています。医師やエンジニアなど、他の職業の人たちと同じように、教師も高度な教育や仕事をうまくこなしていくための技術をアップデートする機会が与えられなくてはなりません[16]。

・よい教師なしでは、よい学校というものはあり得ません。よい学校をつくるのは指導主事や管理職です。そしてよいクラスをつくるのは、教師です。

・成果を上げる教師を育てる一番よい方法は、「成果を上げるための指導文化」をつくりあげることです。つまり、インダクション・プログラムで教師にトレーニングを行うことです。

あなたの学校や学区にインダクション・プログラムを導入することで、教師や子どもたちに必要なものが手に入ります。さらに教師の自信と能力を高めることにより、教育の未来に大きく貢献できます。インダクション・プログラムは、「成果を上げるための指導文化」を育むことにも役立ちます。

成果を上げる教師の存在がなければ、成果を上げる学校はつくれない。

POINT

第2章のポイント

STEP 1

共有した情報

・資格を持たない教師は、最も指導の難しい場に携わることが多い。
・教師の能力が十分でないと、子どもたちはあまり学びを達成できない。
・教師が成果を上げられるようになると、一番に恩恵を受けるのは、あまり学びを達成できていない子どもたちだ。
・教師の質を上げるために使った費用は、学校内の他のどんなことに使った費用よりも子どもたちの学びの向上に役立つ。
・成果を上げる教師が、成果を上げる学校をつくる。
・成果を上げる教師の文化をつくる最善の方法は、インダクション・プログラムで教師にトレーニングを行うこと。

STEP 2

変化を起こすために、あなたができること

・子どもたちの達成度を上げるには、教師陣のクオリティを上げること。
・資格を持った有能な教師を、一番パフォーマンスの低い学校に配置する。そうすれば、その学校はもはやパフォーマンスの低い学校ではなくなる。
・教師へのトレーニングに十分な予算を充てること。
・新任教師向けにインダクション・プログラムを計画し、導入すること――今すぐに。次章以降で、そのやり方を説明していく。

STEP 3

あなたの学校組織に役立つこと

・教師が成果を上げられるように予算を使って努力すれば、すぐにでも子どもたちの学びに変化が現れる。
・インダクションはシンプルで、生産的かつ費用対効果が高い。

CHAPTER 2

第3章 インダクション・プログラムを構築する

種の養生

種の養生

あなたが何かを信じていて、心を注いでいるのなら、
言い訳は受けつけず求めるのは結果だけ。

ケン・ブランチャード

米国教育研究協会（ＡＥＲＡ）の２００２年冬の機関誌には、以下の記述がありました。

教師は、メンタリングや従来の講義やワークショップからよりも、教師のネットワークや勉強会でのほうが、多くを学んでいました。[1]

これは、次の問いかけに対する結論でした。

「教師はどうやって知識を増やしたり、スキルを磨いたりしているのでしょう？」

問いかけには、サンプルとして１０２７の幼稚園から中学3年までの公立学校の算数／数学・理科の教師が、回答していました。

プリンスジョージズ郡公共教育学区の新任教師プログラムの指導主事、アントワネット・ケラハーはこの調査の結果に同意し、次のように述べています。

ちょうどある学校の授業を見学してきたところですが、クラスを受け持っていた2年目の教師は、活発な中学生たち相手に魔法のような授業を行っていました。長期的なインダクション・プログラムの実践は大成功だと、改めて実感しました。

(同学校のプログラムについては5章152ページ参照)

『教育のリーダーシップ（Educational Leadership）』の２００２年3月号のテーマは「人材育成を見直す」でした。この号の重要な記事「ナショナル・ライティング・プロジェクト」[2]と「日本のレッスン・スタディ（授業研究）に学ぶ」[3]は前述のＡＥＲＡの結論やアントワネット・ケラハーの話をさらに確信づける内容です。二つの記事の要点は次のようなものです。

・ネットワークは教師に必要な学びのコミュニティーをつくる
・同僚たちは、お互いに貢献し合えると考えている
・教師同士がいいアイデアや戦略を共有したほうが、子どもたちは恩恵を受ける
・学ぶ人が学びに責任を持つ
・教師は学びのコミュニティーで知識を得るだけでなく、生み出す
・レッスン・スタディはプロフェッショナルな集団が持つ文化である
・質の高い指導は、教師にとって個人だけのものではなく、集団で行う責任がある

メンタリングは、一般に個別の活動であるため、学びのコミュニティーをつくりません。対してインダクションは、包括的かつ持続するグループ・プロセスです。学びを中心とした社会的、文化的慣習を指導し、「学習者にとってそれがどういう意味を持つのか」「学びを助けるとはどういうことか」も学んでいきます。

教師はメンターから、あるいはワークショップで単発にスキルを学ぶのではなく、互い

に対等な学びのコミュニティーで学びます。そこでは新任教師もベテラン教師も互いを尊敬し、それぞれの活動を行うことでお互いに貢献しているということを実感していきます。

1　模範的なオンサイト・インダクション・プログラム

理想的なインダクション・プログラムは、適切なタイミングで行われています。ネバダ州、ラスベガスのゴールドファーブ小学校の校長、ブリジット・フィリップスの取組は象徴的です。この学校では、過去7年間で教師の離職数はゼロです。

ゴールドファーブ小学校では、実質、メンターを用いていません。新任教師や教育実習生は、仕事をする上でのニーズを調査されます。そのリストは公開され、「大勢の」教師が力になりたいと、反応を寄せたり、校内研修で話合いを開いたりします。教育者たちが互いに情報を共有し、助け合う、本当の意味での学びのコミュニティーです[4]。

全国の小学校長会（National Elementary Schools Principal Association）は『一流の学びのコミュニティー：校長が知っておくべきこと、やるべきことの基準（Leading Learning Communities: Standards for What Principals Should Know and Be Able to Do)』という本を刊行していますが、恐らくブリジット・フィリップスの取組が念頭にあったのでしょう。本では、校長は、まず何よりも「指導のリーダーであるべきだ」と述べています。つまり、学びのコミュニティーの文化を築き上げる能力を持つべきだということです。

ゴールドファーブ小学校では、クラーク郡教育学区の2年間のインダクション・プログラムをもとにし、進化させています。ブリジット・フィリップスは1年目の教師全員に、校内のインダクション・プログラムに、半年間参加してもらい、指導主事や教師たちがその指導を担当します。このトレーニングの目的は、二つあります。

1　成果を上げる教師にトレーニングを行い、サポートし、定着させる

2　新任教師に、ゴールドファーブ小学校でのやり方に適応してもらい、子どもたちの学びの達成に対するビジョンを継続させる

ブリジット・フィリップスは、自校のスタッフの評価は「Aプラス」だと言います。成果を上げる学校は、子どもたちに高いレベルで学びを達成させるというミッションのもと、教師や管理職が学び、働き、共に学ぶ場です。

新任教師には、メンターだけでは足りません。

必要なのはインダクション・プログラムです。

それは学校に適応し、教室での授業に備えるものです。[5]

2　成功するインダクション・プログラムの要素

インダクション・プログラムには、全く同じものは二つとありません。それぞれの学校や学区の独自のニーズや文化に沿ったものになるからです。ただ、成功するインダクション・プログラムにほぼ共通する、いくつかの要素があります。

成功するインダクション・プログラムでは、以下のことを行っています。あなたの学校や学区のインダクション・プログラムにもぜひ採り入れることをお勧めします。

・まずは学校が始まる前に、４、５日間のインダクションを行う

・プロとして成長できる、2、3年間の組織化されたトレーニングを提供する
・スタディ・グループを提供する。これは、新任教師がネットワークを広げたり、サポート体制を構築したり、リーダーシップを発揮できたりするような学びのコミュニティーとなる
・運営サポートを万全にする
・インダクション・プロセスの中にメンタリングの要素を入れる
・現職研修やメンタリングで、成果を上げる指導のやり方を示す
・新任教師に、手本となるクラスや授業を見学する機会を提供する

3 新任教師が教わるべきこと

ミシガン州のポート・ヒューロンの学校では、それぞれ新任教師には、インダクション・プログラムの一環として以下のチェックリストにあるようなテクニックが指導されます。新年度が始まる前に、「学校開始のチェックリスト」にある項目について教師がしっかりと準備できていたら、学級開きもうまくいくことでしょう。

学校開始のチェックリスト

☑ 教室のルーティーンと手順が確立されている
☑ ルーティーンと手順が指導・強調されている
☑ ルーティーンと手順は教室に掲示してあり、文字が大きく読みやすい
☑ 規則と罰則も掲示されている
☑ 頭書きの例が見えるところにある
☑ 宿題の内容と提出日が、教室の決まった場所に毎日掲示される
☑ 子どもたちのスケジュールが掲示されている
☑「静かに」という合図の指導を行い、必要に応じて使う
☑ 授業開始前のウォームアップ課題を活用している
☑ 指導時間を最大限有効に使うために、**スポンジ・アクティビティー**※も利用している
☑ 教室の中は、教育活動がうまくいくような配置になっている
☑ 教室は、「学びが大切である」というメッセージが伝わる環境になっている
☑ 保護者にポジティブな電話をした。あるいは／さらに子どもに手紙を家に持ち帰らせた

新任教師のインダクション・プログラム
ミシガン州、ポート・ヒューロンの厚意により掲載

※「貴重な時間を吸収する」という意味

4　学校初日の台本

メリッサ・パントーハは、学級開きの前に、当日の**「台本」**を書いておきました。このやり方は、オクラホマ州、エルレノの新任教師インダクション・プログラムで学びました。これはスポーツのコーチが、試合開始から25くらいのプレーを考えておくようなものです。教師はこうしたことを教室で「即興」では行いません。このことは、アメリカン・フットボールのコーチが試合で、あるいはニューオリンズからカンザスシティーまで飛行するパイロットがそれをしないのと変わりません。**成果を上げる教師は、計画を立て、さらに状況に応じてその計画を修正していきます。**

メリッサは1年目の学級開きには、計画をもって臨みました。次に挙げるすべてについて、あらかじめ台本を書いて準備しておいたのです。

学校初日の台本計画

・教室の入り口で、子どもたち一人ひとりを出迎える
・子どもたちをクラスに歓迎し、自己紹介をする

・教室に入ったときと出るときの手順を説明する
・ルールと毎日の手順について説明する
・課題に番号をつける
・教室の備品やアート作品を大切に扱う
・教師、子どもたちのそれぞれが自分の持ち物を置く場所を指定する
・テーマのある授業等について説明する
・アート・センターの利用
・ファイルの管理
・ノートをまとめる

教師としての1年目が終わったとき、メリッサはこう書いています。
「私の教師としての初めての年は、成功に終わりました」。

成果を上げる教師は、クラスをまとめ、自分も教師として成功しますし、何より大事なことですが、子どもたちを成功に導きます。メリッサの成功は、学区の新任教師のインダクション・プログラムの賜物です。

5　自分用のインダクション・プログラムをどう始めるか

優れた教育に対する知事賞（The Governor's Award for Excellence in Education）が、ノースカロライナ州、ガストン・スクールズの「新任教師のインダクション・プログラムの取組」に対して贈られました。短いビデオを作成し、プログラムのゴール、ミッション、日々の計画について簡潔にわかるようにしたのです。他の学区がそれぞれにインダクション・プログラムを計画するときの参考にできるように、このビデオを www.effective-teaching.com で公開したのです[6]。

1　インダクションの構成要素

教師は、トレーニングによって成果を上げられるようになります。優れた指導主事はトレーニングを終えた教師を学校に定着させ、「成果を上げるための指導の文化」をつくり上げていきます。そのためには、インダクション・プロセスにおいて、以下の三つの要素が大切になってきます。

①**トレーニング：**新任教師は、成果を上げる授業戦略についての指導を受けたり、見せてもらったりします。これはワークショップ、デモンストレーション、講義、観察、報告会などを通じて行われるものです。

②**サポート：**メンターや指導主事、人材開発担当者は、新任教師と定期的な面談を個別に設け、サポートします。

③**定着：**指導主事は、教師全員の貢献が尊重され、共有される学びのコミュニティーを、つくります。成果を上げる指導主事は、教えと学びを大切にする文化を通じて成果を上げる教師を定着させます。

2　インダクションのプロセス

インダクション・プロセスでは、トレーニングに重点を置き、ペースは一定です。指導者が教師の役割をし、新任教師が「子どもたち」になります。初期の段階では、学級経営と指導法に集中します。子どもたちを確実に成功に導く指導法を、伝授するのです。

指導者は、教師に地域や学区の文化に馴染んでもらい、地域とのつながりが持てるようにします。そして結束力があり、協力的な指導チームの一員となるようサポートします。

新任教師にはすぐにでも、こうした学区の「ファミリー」に入ってもらいます。

初期のトレーニングの重要な要素に、**学年レベル、教科レベルの手本となる授業を観察すること**が挙げられます。熟練した教師やメンターの教師が学級開きを想定して教室を整えます。新任教師は、どのようにすれば成功裏にクラスをスタートすることができるのか、畏敬の念を持って学びます。

最初の1週間のインダクションの終わりには通常、授賞式があり、新任教師は証明書や地域の支援者からの歓迎品を受け取ります。インダクション・プロセスでは長期的な学びに力を入れているため、優れた取組は、数年間にわたって続けられていきます。

研修を行うことは、「教師のことを大切に思っていて成功し、長くとどまってほしい」と伝える一番のメッセージなのです。トレーニングをして、その教師が辞めてしまうより、トレーニングを行わないで、その教師に働き続けてもらうことのほうが、よくないと考えられるのです。

インダクション・プログラムは、当然のことながらそれぞれの学校文化やニーズを満たすようにつくられます。ただいくつか共通するステップがあるので、それを紹介します。

あなたの学校や子どもの実態に即した、独自のインダクション・プログラムをつくるときの参考にしてみてください。

6　インダクション・プログラムを構成するための7つのステップ

ステップ１：成功しているプログラムの情報を集める

あなたの学校や学区にインダクション・プログラムをつくろうと思ったら、まず第一にすべきは、成功しているプログラムの情報を集めることです。そしてこのプロセスは、本書を買ったことですでに始まっています。本書では、あなたがプログラムを構成する方法について、大切な情報を提供していきます。インダクション・プログラムを計画するとき、「ゼロからつくる」のはやめましょう。そんな必要はありません。多くの学校や学区では、すでに非常に成功しているインダクション・プログラムを導入していますし、その情報を喜んで共有してくれます。こうした学校に連絡をして、プログラムの情報を入手しましょう。情報に目を通し、あなたの学校や学区に採り入れたらうまくいきそうだと思うものを選んでいきます（第5章、第6章には、いくつかの成功しているプログラムの概要を掲載しています）。

ステップ1のチェックリスト

それぞれのタスクが完了したら、チェックをつけます。

- ☑ 成功しているインダクション・プログラムを導入しているいくつかの学校や学区に連絡し、情報をリクエストした
- ☑ 連絡した学校や学区から情報が届いた
- ☑ 届いた情報に目を通した

他校や他の学区のプログラムの中で、あなたが自分のプログラムに採り入れたいと思った要素をすべて書き出します。

その他、あなたがプログラムに入れたいと思う要素も書き出します。

注：「成功するインダクション・プログラムの要素」にある項目はすべて、入れるようにしましょう（63

ページ）。インダクション・プログラム全体は一般に2、3年間にわたるものですが、初めてプログラムを導入する年には、1年目の計画だけをつくれば十分です。すでに1年目のプログラムがある場合には、2年目の要素を追加することを検討します。

ステップ2：学区がすでに提供しているものを見極める

インダクション・プログラムを構成する次のステップは、あなたの学校や学区の状況をよく確認することです。新任教師をサポートするプログラムが、すでに何かありませんか？　新任教師向けのオリエンテーションは？　メンタリング・プログラムは？　新任教師がプロとして成長できるような機会は？　インダクション・プログラムに資金提供できそうな財源はありますか？

ステップ1において集めた情報を照らし合わせ、新任教師の指導のために様々なリソースの活用や組み合わせが考えられることがわかるでしょう。

ステップ2のチェックリスト

あなたの学校や学区に、以下がすでにないか確認しましょう。

☑ 州のアセスメント・プログラム ――→ [　　]
☑ 州のメンタリング・プログラム ――→ [　　]
☑ 学区のメンタリング・プログラム ――→ [　　]
☑ 学校のメンタリング・プログラム ――→ [　　]
☑ 学区の新任教師向けのオリエンテーション ――→ [　　]
☑ 学校の新任教師向けのオリエンテーション ――→ [　　]
☑ その他 ――→ [　　]

新任教師がプロとして成長できるような活動が、すでにあなたの学校や学区にありますか？　もしあればどのようなものでしょうか。

あなたのインダクション・プログラムのために資金提供ができそうな財源があればチェックし、それぞれにつき金額も記します。

☑ 一般財源　金額 ――→ [　　円]
☑ 特別教育財源　金額 ――→ [　　円]

☑ タイトル1ファンド　金額［　　　　円］
☑ フェデラル・ファンド　金額［　　　　円］
☑ スタッフ教育ファンド　金額［　　　　円］
☑ 職能開発交付金　金額［　　　　円］
☑ 助成金　金額［　　　　円］
☑ その他　金額［　　　　円］

予定している予算はどのくらいですか？
予算に入っている項目をチェックします（すべての項目を検討しましょう）。

☑ 参加者のための給付金（インダクション・プログラム全体の日数や時間に応じて）
☑ プレゼンターのための給付金
☑ 新任教師の契約の追加日数分
☑ 飲食代
☑ プログラムの開発費
☑ プレゼンテーションを行う設備（コンピューター、オーバーヘッド・プロジェクター（実

物投映機）など）
☑ プレゼンテーション用資料
☑ その他

ステップ3：プログラムの構成を確立する

次は、インダクション・プロセスの構成を決めます。インダクションはどこで行いますか？　学校が始まる前に4、5日間の最初のインダクションを予定していますか？　年度初めのインダクション・プログラムが終了したあとに採用された教師用にもインダクション・プログラムの用意がありますか？　新任教師全員が全般的な内容のインダクション・プログラムに参加しますか？　あるいは学年別、教科別のインダクションもありますか？　インダクションは誰を対象にしますか？　1年目の教師全員、あるいは学校や学区に異動してきた教師も参加しますか？　皆が参加する場合、全員が同じ集会に参加するのか、あるいは教えることが初めてという教師には別の集会を用意しますか？　参加人数は何名くらいになりそうですか？　全般的な集会に皆が参加できるかどうかは、人数によるでしょう。全体で50から60名以上なら、全員が一緒でないほうがよさそうです。毎年約300名の教師を採用する地区では、複数のインダクションを同時に行うのが一般的です。

プログラム構成の例

8月に行う最初のインダクションへの参加者：学区に初めての教師全員

参加人数：1年目の教師50名と、この学区が初めての教師30名

プレゼンテーション構成：1年目の教師は、全員同じ集会に参加。学区には初めてだが、経験のある教師には別の一連の集会を用意。学年別、教科別の指導はなし。ただし新任教師サポートグループや、継続的なトレーニングは学年別に設ける。

1年目

・8月初旬に、1年目の教師向けに4日間のトレーニング
・8月初旬に、学区には初めてだが経験のある教師向けの2日間のトレーニング*
・8月に指導主事向けのトレーニングを1日
・9月に、遅いタイミングで採用された教師向けの2日間のトレーニング
・1年目の教師向けに、追加で3日間のトレーニング。10月、1月、4月に各1回行う
・8月に3日間、1月に1日、メンター・トレーニング
・1時間の新任教師サポートグループのミーティングを、月に1回、9か月
・メンターによる新任教師の非公式なオブザベーション4回

・インダクション・コーディネーターによる新任教師の非公式なオブザベーション2回
・複数の模擬授業を体験する日

＊学区には初めてだが経験のある教師は、2日間にわたる最初のインダクションを受ける。それ以降は、3年間の中で校長が推奨するものをベースに、どの集会に参加しても構わない。また、学区に初めての教師には1年間メンターがつく。

2年目

・8月初旬に1日のトレーニングを行う
・さらに3日間のトレーニング。10月、1月、4月に各1回
・1時間の新任教師サポートグループのミーティングを、月に1回、9か月
・インダクション・コーディネーターによる新任教師の非公式なオブザベーション2回
・複数の模擬授業を体験する半日

3年目

・4回の半日トレーニング。9月、11月、1月、3月（卒業セレモニーを含む）に各1回

・インダクション・コーディネーターによる新任教師の非公式なオブザベーション１回

ステップ3のチェックリスト

☑ インダクションはどこで行いますか？ ――→［　　］

☑ 8月のインダクションの日付は？ ――→［　　］

☑ 8月のインダクションは何日間行いますか？

―4日間

―5日間

―その他 ――→［　　］

☑ インダクション・プロセスはどのくらいの期間、行いますか？

―1年間

―2年間

―3年間

―その他 ――→［　　］

☑ 最初のインダクションが終了後に採用された教師に対してはどのようなことを行いますか？ →［　　　］

プログラム構成の概要

・8月の最初のインダクションの参加者 →［　　　］
・参加人数 →［　　　］
・プレゼンテーションの構成 →［　　　］
・1年目のプロセス構成 →［☑　　　］
・2年目のプロセス構成 →［☑　　　］
・3年目のプロセス構成 →［☑　　　］

ステップ4：カバーすべきトピックを選ぶ

プロセスの構成が決まったら、学校が始まる前のインダクションで、それぞれにどのような内容を盛り込むかを考えます。その先のトレーニングの内容は、あとから検討すれば大丈夫です（教師たちのニーズが把握できると、内容を選びやすくなります）。

4、5日間の最初のインダクションで一般的に盛り込まれる内容は、以下のようなものです。

・**学級経営**
・**授業計画**
・**指導戦略**
・**規律**
・**地域の規定**
・**学級開き**
・**時間管理**
・**保護者との連携**
・**子どもへの個別対応**

1年目に力を入れるべきは、**学級経営**です。成果を上げる学級経営がなければ、指導や学びは起こりません。「新任教師が知っておくべきこと」について、最初のインダクションですべてを盛り込まないようにしましょう。それよりは学級開き、その先の数週間に新任教師が備えられるよう、トレーニングを行います。

ステップ4のチェックリスト

最初の4、5日間のインダクションで扱う内容にチェックを入れます。

☑ 学級経営　☑ 学級開き
☑ 授業計画　☑ 時間管理
☑ 指導戦略　☑ 保護者との連携
☑ 規律　☑ 子どもへの個別対応
☑ 地域の規定　☑ その他

ステップ5：成果を上げるプレゼンターを選ぶ

インダクションで誰がプレゼンテーションをするかを決めるときには、どんなプログラムであっても、教える人次第だということを念頭に置いておきましょう。あなたのミッションが「経験がある教師による研修」で成果を上げることなら、ぜひとも成果を上げるプレゼンターを選びたいものです。指導コーディネーター、校長、教師、メンター教師、指導主事などが候補として考えられるかもしれません。

プレゼンターを選ぶヒント

・プレゼンターの数は最小限にとどめるのがよい

・インダクション・プロセスを行う期間において、新任教師と継続的に関わる人が望ましい

・プレゼンターは、インダクションの目的や指導全般につき、同じ哲学を共有している

・プレゼンターは高い成果を上げる教師であり、やる気を起こさせる話し手であるべき

ステップ５用のチェックリスト

最初のインダクション・プロセスには、プレゼンターは何名にしますか？　チェックリストで確認します。

☑ プレゼンター：［　　　　　］→役職［　　　　　］内容［　　　　　］

☑ プレゼンター：［　　　　　］→役職［　　　　　］内容［　　　　　］

☑ プレゼンター：［　　　　　］→役職［　　　　　］内容［　　　　　］

☑ プレゼンター：［　　　　　］→役職［　　　　　］内容［　　　　　］

ステップ6：プレゼンテーションのフォーマットをつくる

最初の4、5日間のインダクションは、模擬教室で行うのがいいでしょう。

このセッティングでは、**プレゼンターが「教師」**で、**新任教師が「子どもたち」**役になります。そこでの指導はお手本となり、一般的な教室と同じような環境で行います。初日には、「教師」が「子どもたち」を歓迎しましょう。和やかで打ち解けた雰囲気ながら、一定の手順を踏まえていきます。こうした手順の手本を見せ、何度も繰り返し練習していきます。インダクションでの教えや学びは、新任教師が自分のクラスで実践すべきものになります。

最初のインダクションの構成のヒント

- 準備をしておく。新任教師が到着する前に、すべてがあるべき場所に置かれている
- 新任教師が入ってくるときに歓迎する
- 飲み物を出す
- 「始まりの課題」を準備し、新任教師が到着時や休憩中に取り組めるようにしておく
- クラスで行う一連の手順を確認する。「グループに分かれる」「教室から出入りする」「資料を出す」「教師の注意を引く」など

・フィードバックや褒め言葉をかける
・新任教師が積極的に学びに関わるようにする
・常に成果を上げる教師のお手本でいる
・便利で必要な資料があれば新任教師に提供する
・楽しむこと！　アクティブで双方向性のある学びは、従来の「講義を行って受講者はノートをとる」という形式よりも効果があることを体験を通して示す

成果を上げる何名かの教師の教室は、「デモンストレーション・クラス」として、最初のインダクションの期間中に手本となる授業を新任教師が見学できるようにします。こうすることで、「成功する教師は学校が始まる前に、どのように教室の準備をしているのか」について、新任教師は参考にできます。そのクラスの教師から、学級開きの手順について指導を受けるのもよいでしょう。

インダクションの最終日には、修了のセレモニーも行い、新任教師はインダクションの最初のフェーズを終えた修了書を受け取ります。

ステップ6のチェックリスト

終了したタスクをチェックします。

- ☑ 新任教師を歓迎するポスターをつくった
- ☑ プレゼンテーションを行う場所の予約をした
- ☑ プレゼンテーションのための設備を確保した
- ☑ 新任教師のための資料を準備した
- ☑ プレゼンターのための資料を準備した
- ☑ 飲み物を提供する準備を行った
- ☑ 新任教師のための修了書を準備した
- ☑ 手本となる授業を行う人を選び、準備した

ステップ7：全員に情報を伝える

成功するインダクション・プログラムで、もっとも大切な要素の一つは、**「よいコミュニケーション」**です。関係者全員が、インダクションが予定されていること、それが重要であることを把握できるようにします。

まずは、早めに参加者に招待状と計画表を送り、出席を予定してもらいましょう（地域によっては新任教師の契約に数日追加することで、インダクションに必ず参加してもらえるようにしています）。

さらに、指導主事、地域社会のリーダー、教育委員会のメンバー、メンターなど、関わりのある人たちにも同じ招待状を送ります。多くの成功しているインダクション・プログラムでは、最初の週になんらかの親睦会を開催しています。その場で、新任教師は、メンター、校長、管理職、教育委員、地域社会のリーダーなどと交流できます。このことは、「新任教師をサポートしている」というメッセージになります。

地域全体で歓迎し、大切に思っていて、学校での成功の援助を惜しまない、という気持ちが伝わります。

ステップ7のチェックリスト

タスクを終えたら、チェックを入れましょう。

- ☑ 計画表を準備した
- ☑ 新任教師のための招待状を作成した
- ☑ 教育委員会のメンバー、地域社会のリーダーなど、プロセスに関わる人たちへの招待状を作成した
- ☑ 予定されているイベントを、メディアにも知らせた
- ☑ その他 ――→ 「　　　　」

7　なぜ、組織化が必要なのか

成功している企業などを見ると、どれをとっても組織化されています。成功している学区を見ると、例えば182ページで紹介しているニューへイブン・ユニファイド・スクール学区も組織化されています。

アリゾナ州、フローイング・ウェルス学区では、行政上の変更がありました。それでも地域のプログラムは成功し、学区の文化は何年もずっと継続しています。それはひとえに、成果を上げている新任教師インダクション・プログラムによるものです。

人は皆、組織化されていることを好みます。物事をどう行えばよいのかがわかるからです。子どもたちも組織化されているクラスが好きですが、それは何がどう行われるかがわかって安心だからです。新任教師も、組織化されているものを好むのは、自分がここに所属していると感じられ、安心していられるので、不安が和らぐからです。バフバラの状態だと混乱が生じたり、さらには荒れた状態になったりしかねません。

つまり、学校や学区がうまくいくためには、秩序立った新任教師インダクション・プログラムが不可欠なのです。

秩序立ったインダクション・プログラムをつくる目的は、物事をどう行っていくかの手立てや文化を人から人へと伝えていくことです。

人は組織化されているものを好み、結果として成功することも好きだ。インダクション・プログラムは、結果重視の人材開発プロセスとして組み立てられている。

POINT

第3章のポイント

STEP 1

共有した情報

・インダクションの三つの要素はトレーニング、サポート、定着。

・成功するインダクション・プログラムは次のことを行っている。学校が始まる前のトレーニング、2年、3年、あるいはもっと長く続くトレーニング、教師の交流、指導主事のサポート、メンタリング、成果を上げる指導や手本となる授業を見せる。

・インダクション・プログラムの導入には、七つのシンプルなステップがある。

STEP 2

変化を起こすために、あなたができること

・七つのシンプルなステップで、あなた独自のインダクション・プログラムをつくる。

・ゼロからつくろうとせずに、成功している学区のプログラムを参考にする。こうしたプログラムについては第5章、6章も参照。

・成功しているインダクションは、メンタリングよりも範囲の広いもの。

STEP 3

あなたの学校組織に役立つこと

・インダクション・プログラムはあなたの学校組織への投資である。

・インダクションにより、教師は優れたトレーニングを受けられる。トレーニングを受けた教師は、子どもたちをより高いレベルの達成へと導く。

第4章　新しい教師を指導する

環境を整える

環境を整える

この世で最も罪が重いのは、能力を開花させないこと。一番得意なことをすることで、あなたは自分だけでなく社会をよくしている。

ロジャー・ウィリアムス

メンターは、インダクション・プログラムの中で大切な役割を果たします。ただ、メンターについては、誤解もあるように思います。メンタリングとインダクションは、同じではありません。

・メンターとは、「サポートをする人」です。

・インダクションとは、組織化されたプロセスで、新任教師のトレーニングとサポートを行い、定着させるために組み立てられています。

POINT

インダクション・プログラムにメンターを入れなくても構いませんが、インダクション・プログラムなしには、成果を上げるメンタリングを行うことはできません。

メンタリングとインダクションは、同義語だと誤解されていることが少なくありません。もし、そういう認識でいる地域であれば、メンタリングだけを採用し、結果として有能な教師を繋ぎ止めるのに、苦労することになるでしょう。

新任教師用のプログラムの名称を「メンタリング・インダクション・プログラム」とするのも、混乱のもとです。通常はメンタリング・プログラムか、インダクション・プログラム（メンタリングの要素が入っていることもあります）に分かれます。

このことについて、さらに詳しく述べていきます。

1 メンタリングだけを有効だとする調査結果はない

最近、いわゆる「メンター」がいたるところにいるが、いつまでに何を、ということが明確ではないことが多い[1]

マイク・シュモーカー

1980年代初頭から、メンタリングは教師を育てる手段として注目されるようになりました。ただ、その効果についての調査はあまりありません。メンタリングについての調査で焦点が当てられていたのは、「有意義なメンタリングはどのように構成されるべきか」「メンタリング・プログラムにはどのような要素を入れるべきか」「メンター選定にはどのような基準を使うべきか」「メンター候補にはどのようなトレーニングを行えばよいのか」といったことでした。

新任教師に対するメンタリングの効果についての調査では、ほとんどの場合、その結論には曖昧な表現が使われています。「メンタリングでは、もしかしたら〇〇」「メンタリングを受けた教師は、○○の傾向がある」「ほとんどのケースでは、メンターと新任教師は、プログラムを有効だと感じた」などです。理論に基づき、メンタリングの内容や結果について踏み込んだ包括的な調査というのはほとんどありませんでした。[2]

「ある人物がメンターとして成功した」というストーリーを見かけることはありますが、メンタリング・プログラム自体の成功はアンケートの意見をまとめたものが多かったのです。新任教師の定着や、経験を積んでいる教師の成長といった長期目標が、実現するまでの十分な時間もありませんでした。[3]

ハーバード教育大学院で「次世代の教師についてのプロジェクト（Project on the Next Generation of Teachers）に参加しているスーザン・ムーアは、二人の教師の不満を紹介しています。[4]

ローラについたメンターは、もしかしたらそのうちに彼女の力になってくれたのかもしれません。ただ彼はローラとは別の学年、別の教科を教えていて、会った回数は「ゼロ」でした。私たちの研究によると、多くの新任教師は、学校に入ってからの数か月間を、学校の仕組みや子どもたちが必要としているもの、例えばよい指導法などを、自分たちはすでに心得ていなければならないのだと感じて過ごしていました。

参考にすべきお手本もないので、自分なりに指導をしてプロとしての能力に疑いを持ち始め、しまいには「教師というキャリアを選んだのは間違いだったのかもしれない」などと考えるようになってしまいます。

＊

ケイティーは、指導法に通じているベテラン教師の中で、自分は孤立していると感じました。最初のメンターは高いスキルを持った良心的な人でしたが、ケイティーは自分が必要としていたものは得られなかったと言います。

メンターとは、距離を感じていました。何回か会い、資料を見せてくれたり、あれこれ貸してくれたり、好意的でした。ただ時間がなくて、私の授業をしっかり見て、クラスでどういうことをすべきなのか、実践的な話を聞くことができませんでした。

ケイティーも同僚の新任教師たちも、難しい仕事を始めるにあたって、経験豊富な教師が導いてくれる、ということがありませんでした。2年目になると状況はよくなってきたとのことですが、初年度について、彼女は「小さな船でたった一人、大海原を漂っているように感じました」と述べていました。

メンタリングは新任教師の最初の年にはよいかもしれませんが、教えるという行為は、長く続くことになります。メンタリングは1対1のプロセスのため、メンターがいなくなると、メンタリングも終わります。対してインダクションは、学区、学校の組織化された文化的なプロセスで、教師同士が互いに教え合うことも奨励しています。

> 学びのコミュニティーの中で互いに学び合い、サポートし合うとき、どんな方法よりも学びが深まることを私たちは知っています。

パソコンは市場に出回ってすっかり私たちの生活の一部になり、世界の政治的、社会的、金融のコミュニティーでも欠かせないものです。対してメンタリングはこれまで、新任教師の手助けをするプロセスとして使われてきたものの、メンタリングが成果を上げるということを、はっきりと示すデータはありません。

1　メンタリングの成功例として挙げられるプログラムはない

2　つまり、私たちはいまだメンタリングは効果的なのかどうかの判断がつかない

私の義理の弟は新任教師なのですが、大変そうでした。学区にはインダクション・プログラムがなく、義弟がサポートを求めたところ、メンターに連絡するように言われたそうです。メンターが割り当てられていたこと自体、初耳だったと言います。そこでその教師に連絡して、あなたが僕のメンターだと伝えました。すると彼女の答えは「そうなの?」でした。彼は「すみません、やっぱりいいです」と言って電話を切ったそうです。

ノースカロライナ教育フェロー委員会では、こう言っています。「教師にメンターだけを割り当てるのは簡単ですが、実は賢いやり方とは言えません。指導主事は、自分がリーダーシップを発揮して教師をプロとして熟練のレベルまで引き上げるのを放棄しています。校長と新任教師は、新任教師の手助けにはメンタリングの効果はあまり出ていないとしています。新任教師の四人に一人は、メンターから受けたものを「わずかなサポート」あるいは「サポートなし」と答えています。メンターを割り当てるだけでは、新任教師が自信をなくして辞めていくのを防ぐのに、あまり効果を発揮していないのです。

次世代の新任教師を、過去20年間結果を出していない、直接の研究が待たれるプロセスに委ねてよいのでしょうか。

対してインダクションは、はっきりと成果を上げています。

2　メンタリング：インダクションの一要素

メンターの教師を割り当てるだけでは、教師が希望を失い、仕事を辞めていく状況を改善できません。インダクションとメンタリングは、連携していかなければなりません。どちらも、もう一方なしでは成立しません。

レスリー・ヒューリング

メンタリングという言葉から連想されるのは、組織の中の経験豊富なメンバーが、経験の浅いメンバーに対して信頼できるサポートを提供することです。どんな職業でも、新しいメンバーは始めのころ、経験のある人たちにアドバイスやサポートを仰ぐのが一般的です。多くの組織ではインダクション・プロセスの一環として新しいメンバーには「メンター」をつけます。ここで大事なのは、**「一環として」**ということです。新しいメンバーのトレーニングやサポートを「メンタリング」だけに頼る組織は生き残れません。

100万ドルプレーヤーは、コーチングを受けている。メンタリングではない。

アメリカン・フットボールのプロチームがドラフトで新しい選手を獲得するとき、新メンバーは試合の基本には通じているからといって、単に「メンター」を割り当てて、その人物にさらなる上達と成功を託したりはしません。すべてのメンバーが組織化されたトレーニングと継続的なサポートを提供し、「インダクション」プロセスにおいて新しい選手が最適な技術を習得できるようにします。そしてトレーニングの大部分は、シーズンの開始前に行われます。

ある野球のメジャーリーグ・チームがビル・カーペンター選手と契約しました。彼は今では小学校の校長職を引退したばかりです。彼が高校を卒業したときのことです。トレーニング・キャンプがあり、そこにはコーチが大勢いたと言います。ごく一部を挙げると、投げる、打つ、キャッチする、走塁、外野手同士の連携プレー、内野手同士の連携プレー、スライディング、盗塁、サインを読む、ウォーミングアップなど、それぞれにコーチがついていました。話合いをリードするメンターやファシリテーターはいませんでした。野球も学校と同じようにチームとして動いているので、全員がチームの文化や、どのように組織として運営されているかを知っておくことが大切なのです。

こうしたインダクションのコンセプトは、ほとんどの職業に当てはまります。医師、弁護士、エンジニアなど、あらゆる職業では、実際に仕事をする前に、その能力を身につけておかなくてはなりません。現場に配置され、何か質問があれば「メンター」に聞くように、ということはありません。ですが残念なことに、多くの学校・学区では新任教師に対してトレーニングをほとんど、あるいは全く行っていないのが現状です。むしろメンターをつけるだけでは、問題が悪化することもあり得ます。

> メンタリングで、すべてを賄うことはできない。新任教師は、体系立ったインダクション・プログラムで一番多くを学ぶ。[6]

メンターはインダクション・プログラムの代わりにはなりませんし、正式、あるいは非公式なインダクション・アシスタンスがメンターだけ、というのもよくありません。このことをまず理解していないと、メンターの役割が誤解されかねません。メンターは、教師をサポートし、新しい職場環境で成功へと導く学校コミュニティーの代わりになるものではありません。

新任教師を成功に導き、定着させようと考えている教育者であれば、メンタリングは、

成功するインダクション・プログラムの一要素でしかないことを押さえておきましょう。

メンタリングだけではなく、様々な要素が揃うことでプログラムはうまくいくのです。

3　新任教師が本当に欲していること

教育者の中には、新任教師にはメンターとの「話合い」の場を設けるべきだと考えている人たちがいます。ですが実際には、新任教師は自分の弱点をさらけ出すことは、なかなかしません。クラスの子どもたちは遅れて来ますし、じっと座っておらず、絵筆を黙って持ち帰り、椅子を投げて叫び、口答えもします。こうした行為に怯えつつ、新任教師は毎晩不満や動揺を抱えて家に帰ります。話合いのできるメンターをつけるだけで、物事は解決するのでしょう

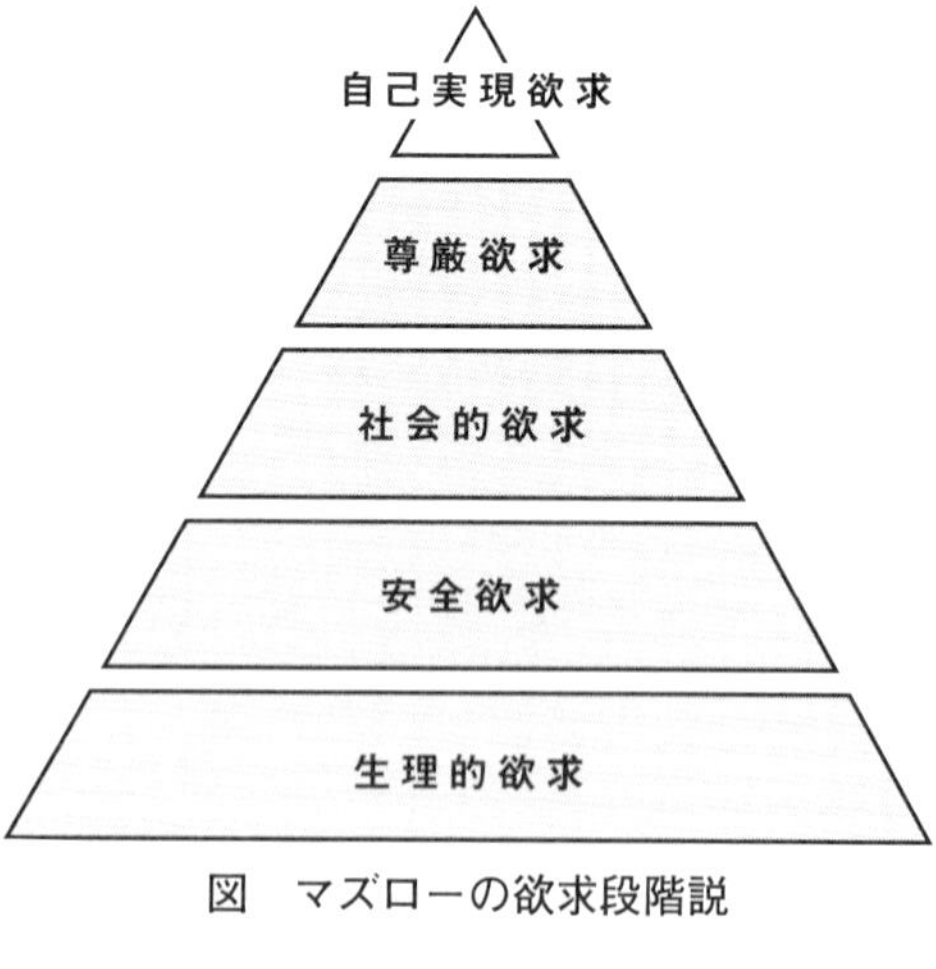

図　マズローの欲求段階説

か。

マズローは、個人の欲求は段階的に構成されているとしています。「低いレベルの欲求が満たされて初めて次のレベルの欲求に移る」という仕組みです。この理論によると、右図が欲求の階層になります。

「話合い」だけでうまくいくと考える人は、教育をあまりに楽観視しています。新任教師は、まだ自らを振り返ることさえ、うまくできません。新任教師がまず欲しているのは、右図で挙げた最初の四つです（アミカケの部分）。

１　生理的欲求：私の教室はどこ？　どうして誰もどこに教室があるか教えてくれないの？　どこでランチを食べればいいの？　いくらかかるの？　いつお給料をもらえるの？　健康保険に加入しているかどうか、どうやって確認すればいいの？　お手洗いの場所も、他の先生たちがお昼休みに何をしているかも、誰も教えてくれないの？　１時間目は、何時に始まるの？　新しい家の電話や水道、ガスとかの手配のサポートはないの？

ネバダ州のクラーク郡教育学区では、新任教師のために「ウェルカム・センター」を設けています。ここでは新任教師の家探しや生活の基盤を整えるサポートを行い、地図を提供したり、銀行を紹介したり、新しい土地で教師が不安にならないようにあらゆる面で手助けをします。学校が始まる前に、「コミュニティー・デー」が開かれ、新任教師は「地域の仲間」（出身地が同じ人たち）や、「教師仲間」（同じ学年や教科を教えている人たち）、「趣味の仲間」（同じことに興味を持っている人たち）と知り合うことができます。もちろん、朝食と昼食も提供されます。地元で商売をしている人たちも参加し、サービスや製品を紹介します。

2 安全欲求：どこに車を駐車すればいいのだろう？ 安全なんだろうか？ 放課後も校舎に残っていていいんだろうか。週末に来ても大丈夫なのか。助けが必要なときは、どこに連絡をすればいいんだ？ 誰に電話するんだ？

カリフォルニア州、サン・ファン・カピストラーノで校長をつとめているジョディー・ブレントリンガーは、自ら新任教師一人ひとりを、事務員や用務員、他のスタッフに紹介しています。一通り紹介が終わると、職員室やラウンジを案内し、担当の教室まで連れていきます。教師として簡単なマニュアルや地域の教育目標などが書かれた書類も渡します（完全な指導ハンドブックは、最初の職員会議で、職員全員に配布します）。始業前の正式な職員会議では、新任教師をチームに紹介し、さらに職員全員が自己紹介をします。そうすれば、先輩教師と新任教師がお互いに親近感を持つことができます。1年を通じ、ブレントリンガーは、各月にすべての学年の子どもたちを一堂に集め、指導者のもと絵画のレッスンを開催しています。そうすることで、この時間を利用して教師たちが別途集まり、仕事のことや個人的なことを話し合う場が持てるのです。そしてこれは、結果として子どもたちにも役立つことになります。

3　社会的欲求：私が受け持つ学年には他に誰がいるの？　誰か私のことを気にかけてくれる人、いるのかしら？　学校に来てから誰とも知り合いになっていない。とても心細い

ミシガン州、ポート・ヒューロンの新任教師インダクション・プログラムの責任者、キャシー・ローゼンが、あるエピソードを紹介してくれました。始業前の4日間のワークショップの最後に、コーディネーターがオフィスに戻ると、参加者全員からのお花とお礼

のカードが届いていたそうです。そこには、新任教師たちから次のようなメッセージが記されていました。「おかげ様で、ポート・ヒューロンのファミリーの一員のように感じます」「私たちは4日間でまとまりのある、互いに思いやる関係になりました。みんなが結束し、地域の一員としてさらにまとまったと思います。最高の気分です！」。ポート・ヒューロンには、他の人との交流やサポートがなく、孤独に働く新任教師はいません。

4 尊厳欲求：壁に囲まれていて、他には何もないようだ。ボランティアで行くホームレス用の施設でさえ、もっと設備が整っている。廊下には何もない。誰も、誇りというものを持っていないのだろうか？ 誰かに励ましの言葉をかけてもらえる日は来るのだろうか。何をすれば、自分の存在をアピールできるのだろうか？ 自分が全くの役立たずに思えるし、孤独だ。学校の不文律を教えてくれる人はいないのだろうか？

ルイジアナ州、ラフォーシェ郡の公立学校では、新任教師が「歓迎されている」と感じられるように気を配っています。8月のインダクション・プログラムの4日目の最終日に、これまでに学んだこと、身についたことを要約した感動的なスライドが準備されます。

「新しい先生たちと、本当に絆が深まります」とインダクション・プログラムのメンバー、リズ・イエーツは言います。受講生が一人ひとり前に出て、証書を受け取って教師たちにハグをされます。「プログラムが終わるのでさみしくなりますが、実は教師にとって、これは3年間にわたる道のりの始まりに過ぎません。そして、できれば一生続けてもらいたいキャリアの始まりでもあります[7]」と励ましの言葉をかけられるときには、全員が涙を流しているくらいです。そのあと昼食会があり、そこでは新任教師はメンターの教師や教育委員会のメンバー、事務職員と顔を合わせます。4日目の午後には、新任教師はそれぞれに担当する学年の手本となる授業を見て、ベテラン教師からアドバイスや指導を受けられることになっています。

どんな新任教師でも、反省したり考えたりして自分の仕事を改善しようとします。ただ、ここで挙げた四つの基本的な欲求が満たされなければ、学校にとどまることはないでしょう。逆に欲求が満たされれば、そして重要なことですが、体系立ったインダクション・プログラムがあれば、新任教師は自己実現を果たし、安心して指導に集中することができるようになります。

4　元々のメンター…それは一人の教師であって、「メンター」ではない

新しい秘書には、メンターはつきません。職場で指導やサポートを受けます。医者や工員、俳優やシェフ、電子技師、歯科衛生士にも、メンターはつきません。トレーニングを受けて、サポートを受けます。年間100万ドルを稼ぐスポーツ選手も、毎日、1年中、毎年トレーニングを受けています。働く人はどんな業種であっても、トレーニングとサポートを受けています。

一方で新任教師は、トレーニングを全く受けないことが少なくありません。いきなり教室に放り込まれ、自分でなんとかやっていくしかないのです。運がよければ、優しくて有能なあなたのために、時間をとってくれるメンターがつくことがあるでしょう。ただし、「新任教師に与えられるのがメンターだけ」というのでは効果的ではありません。もしかしたらメンタリングという言葉や概念が、教育現場では誤解されているためにこうした問題が生じているのかもしれません。

ギリシャの伝説では、メントールは『オデュッセウス』の主人公オデュッセイア（ラテ

ン語名は「ユリシーズ」）の忠実な友人です。オデュッセイアはトロイア戦争で留守にしている間、息子のテレマコスのことをメントールに頼みます。そのときに、息子の教師になるように、また相談役になるようにお願いしました。つまり、メントールはテレマコスの教師であり、相談役で、「メンター」ではありませんでした。残念ながら現在の教育現場では、メンターは世話人やサポートする人の意味合いで使われています。**新任教師に必要なのは教師です。サポートをするだけの人では、足りません。**

私たちが問題にしているのはメンターそのものではなく、メンターだけに新任教師を任せている点です。もちろん、新任教師を放っておくよりは、メンタリングを行ったほうがいいのは間違いありません。ただそろそろ包括的で持続可能なインダクション・プログラムに移行するときです。

私たちも、メンターをつけることは有効だと信じています。ただ、新任教師が仕事に慣れるには、教師（理想的には複数の教師）、そして人材開発担当者や指導主事が必要です。指導の仕方や、物事をどう行えばよいのかを教えてくれる教師がいなくてはなりません。一方、メンターは新任教師のサポート役、あるいはもう少し熟練した教師にとっては、インスピレーションを与えてくれる人です。

新任教師に対して成果を上げるとわかっているのは、包括的で体系立ったインダクション・プログラムです。教職員組合や教育委員会、ベテランの教師が関わるものです。新任教師を成功に導くことは、教育者のコミュニティー全体が担う大切な役割です。全員が新任教師を育て、トレーニングを行い、定着させる責任を負っています。

新任教師には、**実践的なトレーニングと指導が必要です。**トレーニングを行わないレストランを想像できますか？　それぞれにメンターをつけ、もし厨房が火事になったりお客様が食中毒になったりしたら、「メンターに指示を仰ぐように」という指示だけだったらどうでしょう？

5　ラフォーシェ郡のメンター育成法

ラフォーシェ郡のメンタリング手法ＦＩＲＳＴ（Framework for Inducting, Retaining, and Supporting Teachers：教師を受け入れ、定着させ、サポートするフレームワーク）プログラムは、ルイジアナ州の新任教師向け評価プログラムと結びついています。メンターには州から報酬が出され、トレーニングは州主導で行われます。ただし州では、メンタリングのプロセスをインダクションと関連づけています。

ラフォーシェ郡のインダクション・プログラムのメンバーは、メンターに対するトレーニングを行い、すべての新任教師が一貫したメッセージを受け取れるようにしています。

メンターの選定には厳格な基準があり、最高の教師が選ばれます。メンターに選ばれた教師は、しっかりと構築された3日間のトレーニング・セッションに参加します。さらにその後も、フォローアップ・トレーニングがあります。また学校の指導職員もメンタリングのトレーニングを受けます。彼らは各学校でメンタリング・プロセスを監督し、新任教師が体系立った一貫性のあるメンタリングを受けていることを確認します。

実際のメンタリング・プロセスは、計画的に行われます。

前期には、新任教師が基本的な学級経営を身につけられるようにします。後期になると、新任教師に評価プロセスを教えます。2年目の前期には、メンターと新任教師は評価プロセスを完成させます。2年目の後期には、プロとして発展できるようなトレーニングに新任教師と一緒に取り組みます。

一貫性が重要で、メンターの役割を果たせるのは、メンターだけです。指導主事やカリキュラムの専門家、あるいはインダクション・プログラムの他のサポート役の代わりはしません。**メンターはサポートチームの一員という位置づけなのです。**

6　メンターの役割と責任

決定的な研究はないものの、ほとんどの教育者は新任教師に対してはサポートや励まし、経験のある同僚たちからの知識が役立つものと考えているでしょう。にもかかわらず、多くのメンタリング・プログラムは無計画です。メンターには資格が必要で、きちんとトレーニングを受ける必要があります。相応の教育的な責任があり、人物的にもふさわしい人がなるべきですが、必ずしもそうなっていません。大切なポイントを以下に述べます。

あらゆるメンタリング・プログラムの成功を決定づけるのは、メンターの質と準備です。

メンターの役割や責任の範囲は学校や地域によって異なりますが、左図に一般的なものを紹介します。

メンターは

教師である　友人である　指導者である
コーチである　お手本である

メンターは、以下ではない

指導主事　監督　評価者　校長先生の「スパイ」

メンターが提供するのは

プロ意識　ポジティブな態度　計画を立て、組織立てる能力
卓越した指導　すばらしいコミュニケーション・スキル
すばらしいコーチング・スキル　すばらしい会議のスキル

メンターが見せるのは

サポート　励まし　聞く耳　歓迎
建設的なフィードバック　改善のための提案

メンターは以下に対して責任を持つ

理解がある　サポートをする　信頼できる　感情移入する
革新的である　知識がある　包容力がある
改善しようする　コミットしている

メンターは以下でなければならない

秘密を守ること
知識、スキル、情報を新任教師に伝える　新任教師と頻繁に会う
新任教師を観察する　手本となる授業を提供する
学校目標や文化、手順を伝える
継続してメンター・トレーニングに参加する

私たちのメンターは…… ________________________

7　インダクション・プログラムにメンターの要素をどう取り入れるか

インダクション・プログラムにメンターを組み込むときには、慎重に考えなければならない点があります。

①メンタリング・プログラムのゴールを決める（ゴールは以下を含む）

- ☑ 新任教師が教室にすんなりと馴染めるようにする
- ☑ 有能な新任教師の定着率を上げる
- ☑ 新任教師のスキルを上げる
- ☑ メンター教師のスキルを活性化する
- ☑ 新任教師向けにオンサイトのサポートシステムを提供する
- ☑ 州で実施している評価プログラムへの新任教師の参加を手助けする

②メンタリング・プログラム用の十分な予算を確保する

③「メンター・トレーナー」のチームを任命する。メンター向けに最初に行うトレーニング、そして継続していくトレーニングにどのくらい時間をかけるかを決める（以下は、トレーニングの内容例）

☑ 指導戦略
☑ 学級経営のテクニック
☑ コーチングのテクニック
☑ 教師としての成長の段階
☑ 会議のスキル
☑ 観察のテクニック
☑ メンタリング・プログラムの方針と手順
☑ メンター教師の役割と責任
☑ 思慮深い指導
☑ プロとしての改善計画の展開
☑ コミュニケーション・スキル

④メンターの役割と責任を定義し、選定の基準をつくる

メンター選定の基準を明確にする。以下は、基準例。

- ☑ 5年以上の優秀な指導経験
- ☑ 卓越した指導力のエビデンス
- ☑ 有効な指導資格
- ☑ プロとしての発展にコミットする意志
- ☑ 新任教師と頻繁に会う意志
- ☑ 知識、スキル、情報を共有する意志
- ☑ 新任教師に模擬授業を提供する意志
- ☑ 子どもたちや教えることに対する心からの愛

⑤メンター教師と新任教師を組み合わせる基準（以下は基準例）

- ☑ 学年レベルや教える内容
- ☑ 共通の計画期間

☑ メンター教師と新任教師の教室の近さ
☑ メンター教師と新任教師の相性
☑ 子どもたちのニーズ

⑥メンター手当の支給や指導のための時間を確保する

⑦メンタリングの要素の成功を評価するシステムを考案する

8　メンタリングに関して最後に

古くからの式、「LESS＝MORE（少ないほどいい）」は少し変えられます。ここでは以下のようになります。

MORE＝LESS＝MORE

・もっと（MORE）有能で思いやりのあるメンター＝よりよい（IMPROVED）新任教師

へのサポート。

・よりよい（IMPROVED）新任教師へのサポート＝もっと（MORE）多くの指導の成功体験

・もっと（MORE）多くの指導の成功体験＝少ない（LESS）教師の退職率

・少ない（LESS）教師の退職率＝もっと（MORE）多くの有能でしっかりとトレーニングを受けた、成果を上げる教師

・もっと（MORE）多くの有能でしっかりとトレーニングを受けた、成果を上げる教師

＝　**よりよい、子どもたちの学びの達成！**

きちんと計画された、体系立ったメンタリングの要素は、インダクション・プログラム全体の成功を強化します。ただし成果を上げる教師の力を促進するのはインダクション・プログラムで、これにより子どもたちが受けるべき質の高い教育を保証することになるのです。

POINT

第4章のポイント

STEP 1

共有した情報

・メンタリングだけでは足りない。
・新任教師をメンターだけに任せる組織は、成果を上げる教師をトレーニングし、定着させることができない。
・効果的なメンタリングの要素はインダクション・プログラム全体の成功を強化するかもしれないが、成果を上げる指導を促進するのは、インダクションのプロセスだ。

STEP 2

変化を起こすために、あなたができること

・何よりも新任教師のサポートを、メンタリングだけにしないことが大切である。
・メンタリングだけから、包括的かつ持続可能なインダクション・プログラムに移行する。

STEP 3

あなたの学校組織に役立つこと

・成果を上げるための指導の文化を教師に育むのは、メンタリングではなく、インダクションだ。
・成果を上げるための指導の文化を促進すると、子どもたち全員に質の高い教育を保証できる。

CHAPTER 4

第5章　インダクション・プログラムの例

発　芽

発芽

汝の愛するものを仕事に選べ、そうすれば生涯1日たりとも働かなくて済むであろう。

孔子

ある一つの学校で実現できるなら、あなたの学校でも、他の多くの学校でも実現できます。難しいことでは、全くありません。謎解きでもありません。むしろ謎なのは、うまくいかないやり方を続けていることのほうです[1]。

ハーバード大学の研究グループ、「次世代の教師についてのプロジェクト」によると、体系的なトレーニングとサポートを実現させるために必要なのは、学校でそれらを**持続させる**ために成長していくことです。

新任教師が抱いている不安や質問に応えるには、1回のオリエンテーション・ミーティングや、学校に一人のメンターや、学校のルールを記した1枚のプリントだけでは、到底足りません。

新任教師が仕事を始めるにあたって求めているのは、経験豊富な教師の存在です。自分たちが感じる日々のジレンマの相談に乗ってくれ、授業を見学してフィードバックを提供してくれ、指導戦略を立てるのを助けてくれ、熟達した指導法の見本となり、子どもたちの活動や生活についての考えを話してくれる存在です。

つまり、新任教師に必要なのは、**学校でプロとして持続的に成長すること**です。指導にあたるのは熟練の教師たちで、最初の数年間、新任教師が授業をうまくできるように責任を持ちます。

校長や教師のリーダーが、新任教師に向けたこうした活動を促進する、中心的な役割を担います。[2]

準備がないまま子どもの前に立ち、サポートも受けられない教師は、驚くほどの割合で教師の仕事を辞めてしまいます。理由ははっきりしています。トレーニングがなく、サポートもなく、そして成功体験もないからです。準備がしっかりできていて、サポートも受けている教師は教えることを続け、多くの恩恵をもたらすこの職業で成功をおさめます。そして数えきれないほど多くの子どもたちの人生に、前向きな変化をもたらします。

成功している学校や学区では、最も成果を上げている教師に対し、トレーニングを行い、サポートし、定着させていることがわかっています。彼らが行う最初の、そして最も大切なステップは、新任教師に体系立ったインダクション・プログラムを提供することです。

1　インダクションのプロセス

インダクション・プログラムは、それぞれの学校文化や地域によって違いはありますが、いくつかの共通点もあります。プログラムでは、以下を教えています。

- **成果を上げる学級経営の手順とルーティーン**
- **成果を上げる指導法**
- **学校の地域に対する思いやりと理解**
- **生涯学習の重要性とプロとしての成長**
- **地域全体の結束とチームワーク**

インダクション・プロセスの一番の焦点は、子どもたちを成功に導くためのテクニックを伝授することです。その中心となるのは学級経営と指導法です。

トレーニングが大切で、トレーナーの主な役割は、新任教師を学校文化に馴染ませ、学区のみんなとつながりを持たせ、まとまりのある、互いにサポートし合う教育のチームをつくることです。新任教師はほどなく「ファミリー」の一員になります。

インダクション・プロセスで重要な役割を果たすものに、新任教師に合った学年や教科のデモンストレーション・クラスの活用があります。メンター教師の一員であることも多い熟達した教師が、学級開きのための教室のしつらえや運営をシミュレーションするのです。新任教師は教室に座り、学級開きを成功させる指導法を直接プロから学ぶことができます。

インダクション週間の最後には表彰式があるのが一般的で、新任教師は証書を受け取ります。地域のサポーターから、パッケージも贈られます。インダクション・プロセスでは生涯を通じて学ぶことが強調されるため、新任教師のインダクション・プログラムも数年間は継続するのが理想的です。

2　ポート・ヒューロン市のプログラム：典型的だが、優雅に成果を上げる

ミシガン州、ポート・ヒューロンのインダクション・プログラムには、10年間の歴史があります。基本的なものですが、優雅に成果を上げます。すべての新任教師が求めていることが、うまく組み込まれているからです。**新任教師は一時的な流行を求めているわけではありません。効果的な解決策を求めています。**このプログラムの責任者は、次のように言っています。

「1回きりの人材開発のためのミーティングでは、うまくいきません。私たちは持続するプログラムをつくろうと思いました。1年間は新任教師と密に関わり、育て、一歩一歩導き、その先も継続してサポートできるようなものです。そうすれば、その学校や地域について、教えることについて、私たちが期待していることについて、新任教師はしっかりと基礎を学べます。私たちの学区は、いわば『言い訳はなし』という地域なのです。教師の仕事は、子どもたち全員を成功に導くことですから」。

キャシー・ローゼン

彼女たちの活動は、その考え方に基づいています。まずは、4日間のオリエンテーションを以下の内容で行ってます。

1日目

・新任教師は風船やお花、ギフトが用意された朝食を楽しみます。この日の主な目的は、主要な職員と顔を合わせることです。
・資料が各教師に渡されます。
・地域がバスツアーを主催します。中学校の中の一校で停車し、三つの手本となるクラスを見学します。

2日目

・新任教師それぞれに『The First Days of School』（『世界最高の学級経営』東洋館出版社）[3]が配布されます。さらに学級経営に関する説明、教室の手順、ルール、ルーティーンの大切さが伝えられます。

3日目

・指導者たちは指導を続けます。さらにその地域の学校で直面するであろう「注目の話題（課題）」となっていることなどがあれば、紹介します。

4日目

・新任教師は手本となるクラスを訪問します。適切な学年、教科から選ばれた教師が、教室環境について、どうしてそうなっているのかを説明します。

4日間のトレーニングの最後には話合いが行われます。プロ意識、プロとしての服装、好印象を持ってもらうために必要なこと、保護者にポジティブなお知らせをすることの大切さ、などが話題となります。新任教師それぞれに修了証書が渡され、さらにマグカップと「教師のスタートアップ・キット」も贈られます。中には掲示用の飾りやレター、チョーク・ホルダー、リンゴ模様のノート、クラスの手順を書くための模造紙などが入っています。キャシー・ローゼンはこう言います。「セミナーは『励ましの言葉』で締めくくられます。自分のことを、そして選んだキャリアを誇りに思える、感動的な話です」。

ポート・ヒューロンのトレーニングと教師の育成は、学校が始まる前の4日間だけでは終わりません。サポートする教師がいるため、それぞれの学年・教科ごとのセミナーが毎月開催されます。

ポート・ヒューロンのプログラムですばらしいのは、それが地域の教職員組合、ポート・ヒューロン教育協会と連携して開発されていることです。教育協会が関わっているのは、子どもたちにとっても、教職員にとっても有益です。「私たちはお互いに望ましいゴールを達成するために、チームワークを大切にしています」とローゼンは言います。

あるとき、学校が始まる前の４日間のワークショップからオフィスに戻ったローゼンのもとに、参加者たちからのお礼のお花とメッセージが届いていました。カードにはこう書いてあったそうです。

> おかげさまで私たちはポート・ヒューロン・ファミリーに歓迎され、その一員になれたと感じています。

ローゼンは、「私たちは４日間でまとまりのある、お互いを思いやるグループになりました。私たちは結束し、そのために学区全体がよくなりました。最高の気分です！」と喜びを表しました。

助けてくれる人がいなくて心細いと感じている多くの新任教師とは対照的に、ポート・ヒューロンにはサポートを受けられず、孤独に陥る新任教師は一人もいません。インダクション・プログラムへの投資を通じて、ポート・ヒューロンは関係者が期待していた以上の恩恵を受けています。地域内の学校文化は5年ほどで劇的に変わりました。

3 インダクションと文化

インダクションは、秩序とビジョンをプロセスに落とし込みます。メンタリングはそれをしません。

- **メンタリングは個人の役に立ちます**
- **インダクションは人を集めることで、集団の役に立ちます**

インダクション・プログラムにより、学区の「ファミリー」に加わる新任教師一人ひとりを受け入れることで、その学校文化は継承されていきます。教師は、全員が同じゴールに向かっている共通の文化の一部とも言えるので、こうした学区にはとどまるのです。

4　成果を上げるインダクション・プログラムがもたらすもの

成果を上げるインダクション・プログラムの究極的な目的は、子どもたちの学びの達成です。このことに関しては、マイク・シュモーカーによる２冊の本を参照しましょう。『結果：継続的な学校改善の鍵（Results: The Key to Continuous School Improvement）』では、継続的な学校改善を特徴づけるものとして、以下の三つが挙がっています。

- **意義のあるチームワークが醸成されている**
- **明確で計測可能なゴールを設定する**
- **定期的にパフォーマンス・データを集め、分析する**[4]

２冊目の本『結果の観察ノート：劇的に改善した学校の実践的な戦略（The RESULTS Fieldbook: Practical Strategies from Dramatically Improved Schools）』には、「見事に模

倣や応用ができる」五つの地域の実践例が紹介されています。これらの学校は短期的、そして長期的に計測可能な結果を出しています。[5]

「多くの学校が、重要な発見をしています。教師が定期的に、そして**協力し合って**評価データを見直し、計測可能なゴールを達成するための改善点を考えると、魔法のようなことが起こるのです」とシュモーカーは述べています。そしてその魔法とは、子どもたちの学びの達成です。どうしてそんなことが起こるのでしょう? **チームとして、教師たちが協力し合ったからです。**

シュモーカーはさらに続けます。「教師の専門知識を伸ばしたり活用したりすることは、残念ながら教育の場ではあまり行われていません」。したがって、彼は自分の本を「私たちが教師を、そして彼らの有機的な専門性を、学校をよくしていく中心だとみなすようになる日」に捧げるとしています。五つの地域には、三つの共通点がありました。

1 ゴールを重視する

2 データに基づき、協力する

3 継続評価を行う

一人でメンタリングを行うのでは、これを実現して望ましい結果に結びつけるのは難しいでしょう。メンタリングは、教師一人ひとりをサポートするには向いています。**インダクションは集団のプロセスで、教育者の専門性を組織化するものです。**「協力する」という文化があれば、みんなで困難に立ち向かい、劇的な成果を上げ、そのほかどんなことにも挑戦できます。すべては子どもたちのためです。

メンタリングでは個人のことを気にかけ、インダクションでは集団を気にかけます。メンタリングをインダクション・プロセスと組み合わせることで、子どもたちの学びが達成されます。

5　高い成果を上げる三つのインダクション・プログラム

次に、いくつかの地域について詳しく見ていきます。新任教師のための模範的なインダクション・プログラムを地方で、郊外で、都会で、それぞれ実践している例です。プログラムはそれぞれの対象人数に合わせて変化しているものの、成功するプログラムに共通する要素や構造はすべて入っています。

CASE 1

教師をインダクトし、定着させ、サポートするためのフレームワーク（FIRST）

ラフォーシェ郡の公立学校

プログラムのゴール

ルイジアナ州ティボドーに本部があるラフォーシェ郡の公立学校は**教師をインダクトし、定着させ、サポートするためのフレームワーク（FIRST）**プログラムを制度化しました。このプログラムの主な目標は、**よりよい子どもたちの学びの達成**でした。これを達成するため、FIRSTプログラムでは三つの主要なゴールが設定されています。

①教師がよりスムーズに指導の場に入っていけるようにする
②教師の成果を上げる
③有能な教師たちの離職率を地域全体で下げる

ＦＩＲＳＴプログラムの始まり

プログラムを最初に開発するとき、郡ではこれまでに成功しているプログラムをいくつか調査し、それをお手本にしました。そのとき、「すべてのインダクション・プログラムの母」と呼ばれていたアリゾナ州、フローイング・ウェルス学区にまず目を向けました（本章144ページ参照）。

協力的な体制

ＦＩＲＳＴプログラムの成功には多くの人が関わっています。27の学校の教師、子どもたち、指導主事、カリキュラム・コーディネーター、保護者、教育委員会のメンバー、地域の人材。さらにはニコールズ州立大学の教育学部の教職員が学校組織と密に協力し、**「最高品質の教員養成教育」**を生み出しました。

プログラムの詳細

ラフォーシェ郡では、27の学校向けに、８月には40～60名の教師を新規に雇用します。大成功をおさめたインダクション・プログラムは、学区の新任教師にとって大きな魅力となっています。プログラムは３年間にわたり、継続的なトレーニングとサポートが提供されます。まずは学校が始まる前の8月上旬に、全新任教師向けの4日間の体系立ったトレーニング・セッションが行われます。このとき、新任教師には「手当て」も支払われます。参加は任意ですが、新任教師の99%が積極的に参加します。

初日には、新任教師を教育長、指導主事、校長、コーディネーター、教育委員、熟練の教師が歓迎します。歓迎の横断幕がトレーニング会場に飾られ、飲み物がふるまわれます。一人ひとりの写真を撮り、地域の地図上で、その教師が教える予定の学校の場所に貼っていきます。新任教師はグループの席に座り、すぐに最初の「始まりの課題」に取り組み、みんなと打ち解けることができます。

教育長が正式に歓迎の挨拶を行い、地域の教育哲学、ゴール、文化などについて話します。三人のカリキュラム・コーディネーターが4日間を通じて、主なプレゼンターになります。他のプレゼンターは、特別教育コーディネーター、校長、熟練の教師、中学校の教師などです。

それぞれの参加者に『The First Days of School』(『世界最高の学級経営』東洋館出版社)[6]が配布され、さらに以下を含む教師用ファイルが配布されます。

・教育長からの歓迎の手紙
・地域の教育哲学と理念

・各学校の教員名簿
・日々のスケジュールと職務スケジュールを掲載する場所
・学級経営計画の手引き
・クラスの、あるいは学校全体の規律を掲示する場所
・学校が始まる前に準備しておくもののチェックリスト
・子どもたちの個別データを記録する用紙
・子どもたち用の興味テスト（※個人の興味を捉える検査。生徒指導で活用される）
・保護者とのコミュニケーションの取り方、教師と保護者の関係を構築するヒント
・学級経営のヒント
・教師の日常の中での「成功体験談」

全般的にくつろいだ雰囲気で、みんなが仕事に集中しています。モデル・クラスのような設定で、カリキュラム・コーディネーターが「教師」、新任教師が「子どもたち」のようです。新任教師はすべてのレッスンに積極的に参加します。手順とルーティーンはすぐに確立され、手本が見せられ、練習が行われ、学級経営がうまくいっている教室の状態になります。

初日には、学級経営と地域の教育施策、手順についての話を中心にします。2日目、3日目には、学級開き、規律、指導戦略、評価技術、保護者との連携、個人面談の必要性などを話します。4日間で様々な内容に触れますが、その中心となるのは**学級経営**です。

3日目には、中学校の教師がインダクション・プロセスの重要性について話をします。そして新任教師からの質問に答え、自分が教師になった最初の年の体験談を披露します。

4日目には、全体のまとめを行ったあと、表彰式となります。新任教師はインダクション・プロセスの最初のフェーズを完了した修了証書を受け取ります。その後、昼食会が開かれ、新任教師はメンター教師、校長、教育委員会のメンバー、事務職員たちと交流します。午後には自分が担当する学年の手本となる授業を参観し、学区の中でも特に成功しているベテラン教師から、アドバイスや指導を受けます。

この地域では、1月にも追加で30~40名の教師の採用を行います。1月採用の教師たちに対しても「効率化された」2日間のインダクション・セッションが実施されます。

メンター教師

各学校では、新任教師それぞれにメンター教師が割り当てられます。彼らは最初の2年間、新任教師の手助けをします。メンターには手当てが支払われ、この予算は州から支出されます。メンターと新任教師の組み合わせは、特別なニーズ、学年、課題、新任教師の教室の場所などを考慮したものです。メンター教師には有能な人材が選ばれ、カリキュラム・コーディネーターによる3日間の集中トレーニングが開催されます。さらに任期中は、継続的なトレーニングも用意されています。**メンター教師はこれまで通りに自分のクラスを受け持ちますが、新任教師と時間を取るための空き時間が与えられます。**

メンター教師は、カリキュラム・コーディネーターや指導ファシリテーターと協力して、非公式に新任教師を見守ります。ここでの考察は、評価には使われません。新任教師に、指導のパフォーマンスについてタイミングよく、具体的かつ威圧的でないフィードバックを行うのがねらいだからです。それぞれがスキルを磨けるよう、改善計画もつくられます。

指導ファシリテーター

ラフォーシェ郡では、K—8スクール（※幼稚園から8年生（14歳）までの学校）それぞれに指導ファシリテーターがいます。最も成果を上げている教師が選ばれ、その教師が何日間かかけて、新任教師に向けて模擬授業を行い、観察やフィードバックを提供し、学級経営計画を立てるのを手伝います。さらには相談に乗ったり、専門知識を共有したりもします。これはメンタリングと比べると効率がよいものです。メンターももちろんいい仕事をしますが、自分のクラスもあるため、必ずしも速やかに手助けをしたりフィードバックを伝えたりできないからです。ファシリテーターは日々教室にいて、インダクションの期間中に新任教師が学んだことを強化します。

指導ファシリテーターは、学校組織からトレーニングを受けます。ラフォーシェ郡はさらに彼らのために毎月サポート・ミーティングを開き、ファシリテーターも学校に戻って毎月新任教師のためのミーティングを開き、全職員に継続トレーニングを提供します。

追加のリソース

インダクション・プロセスのもう一つの要素は、地域レベルで月ごとに行われる新任教師向けの**サポート・グループ・ミーティング**です。このミーティングでは、新任教師が自分の体験を共有し、心配なことを表明し、みんなで解決方法を探っていきます。進行役はカリキュラム・ファシリテーターが努めます。

新任教師は、ルイジアナ州が主催するアシスタンス・アンド・アセスメント・プログラムにも参加することになっています。ここでは資格の判断を行うための公式な評価が行われます。参加者は9月に追加で2日間、「ルイジアナ州の成果を上げる指導の要素」についてのトレーニングを受けます。FIRSTプログラムは、州全体のインダクション・モデルにも採用されています。その新しいプログラム名は「ルイジアナFIRST」です。

4月に、新任教師のための1日のインダクション・レビューが行われます。この日、新任教師は心配に思っていること、教え始めた体験談などを話し、追加トレーニングを受けます。

インダクション・プロセスの2年目、3年目にも、カリキュラム・コーディネーターと指導ファシリテーターは新任教師と密に仕事を続けます。教室の観察も引き続き行われます。さらに2年目、3年目の教師は半日の集会に4回参加し、学級経営、評価、ルイジアナ州の成果を上げる指導の要素、指導戦略、ポジティブな規律の示し方、指導の判断などについてトレーニングを受けます。各トレーニングの一部には、参加者たちが質問し、心配に思っていることを表明し、一般にクラスで起こる問題の解決方法を考え、教室での体験を共有する時間があります。このときにも、参加者には手当てが支払われます。2年目、3年目の教師には、月ごとのサポート・グループ・ミーティングに参加する選択肢もあります。

新任教師をサポートする手段として、現職指導プログラムもあります。これは成功しているベテラン教師が参加者に向けてトレーニングを実施し、非公式に観察を行い、フィードバックを提供するものです。毎月行われますが参加は任意で、追加的なサポートを受けたいという教師であれば誰でも参加できます。

校長の役割

インダクション・プロセスにおいて、それぞれの校長の役割は重要です。最初のインダクション・トレーニングで伝えられる内容と、学校で伝えられる内容は一致していなくてはなりません。そのため、実際のインダクションが始まる前に、校長には事前に内容が知らされます。そして校長は自分の学校でオリエンテーション、サポート、励まし、ガイダンスを新任教師に提供し、さらに継続的な手助けと人材開発も行っていきます。

8月初旬のインダクション・トレーニングでは、校長のうち一人が実際にトレーニングも行います。新任教師は、校長の視点から、一般にプロとして求められる服装や態度、責任、意識について話を聞きます。

プログラムの結果

１９９３年からのデータを見ると、ラフォーシェ郡では新任教師の離職率が劇的に下がっているのがわかります。数年前、ラフォーシェ郡学区にはビジョンがありました。ゴールは、新任教師が楽に仕事に馴染めるよう、継続的なトレーニングとサポートを提供するインダクション・プログラムを導入することでした。結果は、新任教師やメンター、指導主事、教育委員、地域人材の圧倒的な熱意で、新任教師の離職率は**劇的に下がり、学校文化はより強固になり、**何千人という子どもたちの人生によい影響を与えています。

これらすべての取組は、年間５万ドルという予算内で行われていることです。この投資金額を「低い定着率」と比べてみてください。お金には代えられない子どもたち、私たちの未来のためだと思えば、わずかな金額ではないでしょうか。

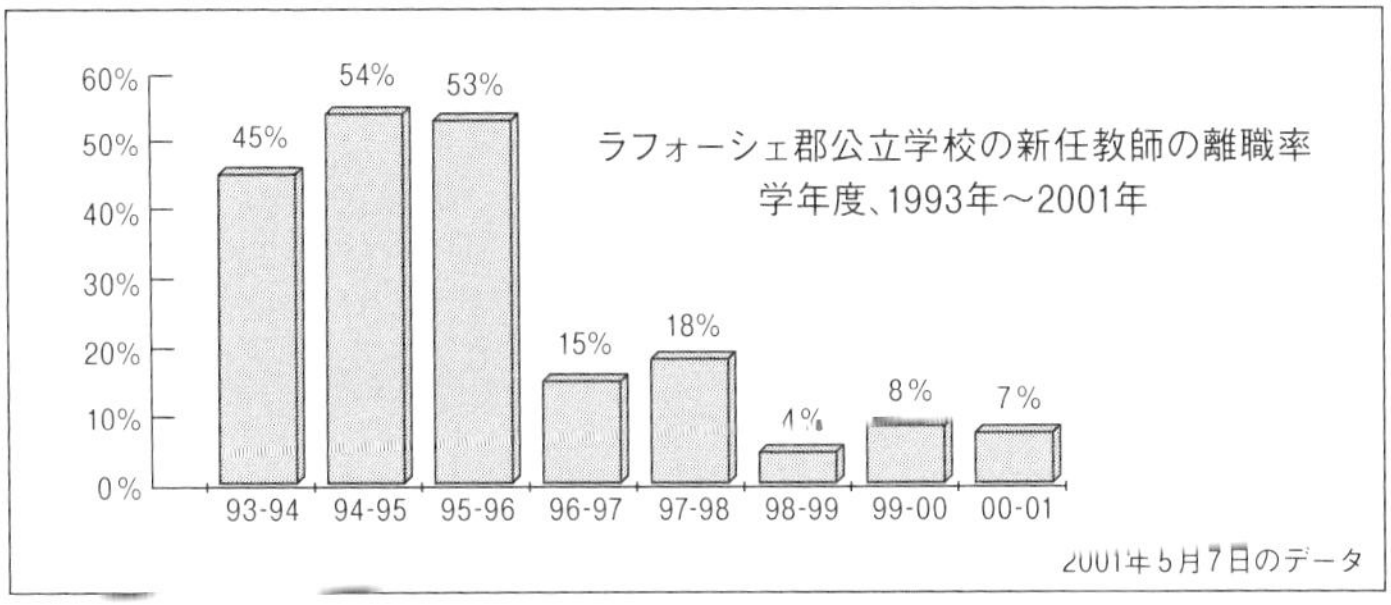

・1993年から1996年まで、そしてそれ以前のラフォーシェ郡学区の離職率は約51%でした。

・1996年にインダクション・プログラムが導入されると、離職率は15%にまで下がりました。
・2000年度は約7%です。

CASE 2

成功するための教師のインダクション・プログラム（TIPS）

フローイング・ウェルス学区

アリゾナ州、トゥーソンにあるフローイング・ウェルスは小さな郊外の学区ですが、大きな結果を出しています。

ここは裕福な地域ではありませんが（子どもたちの50％は、ランチを無料、あるいは減額で受けられる対象となっています）、何よりも教育を再優先にしています。テストの点数は全国平均を優に上回っていますし、学区にある8校のうち7校が、全国学力優秀賞を受賞しています。

成功するための教師のインダクション・プログラム（TIPS）は、アメリカでのこうしたプログラムの先駆けで、1985年に制度化されてから現在に至るまで、模範的な人材開発プログラムとして全国的に評価されています。

プログラムのゴール

ＴＩＰＳは、学区内の学校文化や地域の文化を広めるためにつくられました。このプログラムの主なゴールはそういった文化の感覚を養うことと、学区のミッションと哲学を伝えることです。そのために初めて教える教師向けに、体系立ったトレーニング・プログラムができたのです。

このトレーニングでは、オリエンテーションが行われるだけではなく、子どもたちの学びと成功に向けた、学区のビジョンのフレームワークも説明されます。

ＴＩＰＳでは、学区のビジョンの要となる、五つの特質を掲げています。

①成果を上げる指導の実践
②成果を上げる学級経営の手順とルーティーン
③フローイング・ウェルスの地域全体に対する思いやりと理解
④教えることを、生涯続く学びとプロとしての継続的な成長と捉えること
⑤指導主事、教師、サポート・スタッフ、地域人材の結束とチームワーク[7]

プログラムの詳細

　このプログラムでは、どこで一つの専門能力開発が終わり、次が始まるのか、それを見極めるのは簡単ではありません。なぜなら、移行がスムーズだからです。能力開発はずっと継続していくもので、教師の成長に合わせて専用のトレーニングが用意されています。そのため、インダクションにも明確なタイムラインというものがありません。
　新任教師は初年度から継続的にトレーニングやサポートを受け、そのままキャリアが続く限り能力開発を受けます。インダクションの理想的な形であり、フローイング・ウェルスがアメリカで最も成果を上げている学区の一つであるのも、それが主な理由でしょう。

　ＴＩＰＳは学校が始まる前、８月の上旬に４日間の集中トレーニングから始まります。新任教師の参加は必須です。彼らが参加するために、契約にはその日数が業務として加算されています。初日の朝、新任教師はインダクション・チーム、教育長、管理スタッフに歓迎を受けます。新しい「メンバー」として歓迎されることで、すぐにチームワークのよさやお互いにサポートし合う雰囲気が伝わります。飲み物がふるまわれ、写真が撮られ、新任教師は協力グループに振り分けられ、指導が始まります。モデル教室のセッティングで、インダクション・チームが教師となり、新任教師は子どもたちの役です。

この４日間で焦点が当てられるのは、**学級経営と指導戦略です**。時間は無駄にされることなく、新任教師は指導の実践に入っていきます。初日には、授業の仕方、教科ごとの目標の教え方、子どもたちが主体的に授業に参加する方法を学びます。最初に教室の手順とルーティーンが確立され、手本が見せられ、練習が行われます。新任教師に配布される資料には、以下のものが含まれます。

- 『The First Days of School』（『世界最高の学級経営』東洋館出版社）[8]
- 教育長からの歓迎の手紙
- 学区のミッションとゴール
- フローイング・ウェルスにある学校それぞれの情報
- 初年度とそれ以降についての「インダクションの概要」
- フローイング・ウェルスの継続的な能力開発についての情報
- 学級経営のヒント
- 教育用語集
- 学級開きのサンプル・チェックリスト

2日目は、指導の実践の続きです。新任教師は協力グループと一緒に、実際に指導目標を書いたり、サンプルの授業計画をつくったりします。

3日目には、新任教師はフローイング・ウェルス学区の保険制度、ヘルスケア、地域の文化、特別なニーズについて学びます。『フローイング・ウェルス・コミュニティーの活動』というビデオを観て、そのあとに教育長と共にバスに乗り、フローイング・ウェルス・コミュニティーのガイド付きツアーに出かけます。

ランチはフローイング・ウェルス教育協会が主催です。その日の午後は、新任教師はそれぞれの勤務校に行き、校長と会います。そこではカリキュラム、教科書、学校の手順などについて話合いが行われます。

4日目に、学ぶ内容は学級経営に移ります。新任教師は始まりの課題、ルーティーン、手順などの重要性を学びます。さらに成果を上げる規律計画つくり方、ルールと結果を明記することも教わります。このトレーニングでは、『The Effective Teacher』[9]のビデオシリーズの一部を全員で観ます。

次に、新任教師は学区内の熟練した教師の教室を小学校、中学校、高校と順に訪ねます。熟練した教師は、教室を学級開き用に整えているので、新任教師はどのように準備が行われたのかについての説明を聞きます。4日目午後は、それぞれ自分の教室に行き、学級開きの準備を始めます。

もちろん、これでインダクションは終わりではありません。年間を通じてさらに3日間、指導戦略と学級経営のトレーニングが予定されています。3月に行われる最後のセミナーでは表彰式が予定されていて、教育長が新任教師に額入りの証書をわたします。

年間を通じて人材開発コーディネーターがすべての新任教師の「メンター」役となり、一人につき5回観察します。この観察の目的は、新任教師の強み、弱みを把握し、プロとしての成長を助けることです。さらに各学校にボランティアのコーディネーターがいて、月に一度新任教師と面談し、サポートします。

2年目になると、フローイング・ウェルス学区では指導コーディネーターが新任教師のメンターになります。彼らは熟練した教師で、メンターを行うための手当てと時間が与えられます。指導戦略、専門スキル、学級経営のノウハウ、評価技術、学校の教育方針や手順の伝授に引き続き重きが置かれます。

3年目、4年目には、教師は指導戦略、協働的な学びの方法など、より高度な考え方について上級のトレーニングを受けます。指導コーディネーターが引き続き、観察とサポートを続けます。

繰り返しになりますが、フローイング・ウェルスのプログラムは、継続的なものです。キャリア開発には5段階あります。

「①初心者」（1年目の教師）、「②アドバンスド・ビギナー」（2年目の教師）、「③有能者」（3年目から5年目の教師）、さらに「④上達者」「⑤熟練者」と進みます。それぞれの段階で、体系立ったトレーニングがあり、形成的、累積的な評価もなされます。フローイング・ウェルスでは、指導のプロとしての成長のために、全員に向けてあらゆるレベルのトレーニングがあるのです。

プログラムの結果

ＴＩＰＳの成功は、トレーニング、サポート、有能な教師を繋ぎとめることに興味のあるあらゆる地域に対して、明確なメッセージを発しています。**インダクションは必ず必要だ**ということです。

ＴＩＰＳの以下の結果は、体系立ったインダクションを採り入れているあらゆる地域で見られるものです。

・１年目の教師の不安の軽減
・より有能な教師陣の存在
・新任教師の離職率の低下
・子どもたちがより高いレベルで学びを達成
・学区全体に共通の文化が浸透
・共通のミッションと一連のゴールを持つ
・教師、サポート・スタッフ、地域との間で共通の専門的な対話が成立
・継続的な人材開発への積極的な参加

CASE 3

プロの教育者を養成するインダクション・プログラム

プリンスジョージズ郡公共教育学区

インダクション・プログラムを地方や郊外の少人数の学区だけで成立するものだと考えているなら、それは違います。ワシントンD・Cと隣接しているメリーランド州、プリンスジョージズ郡公共教育学区は、K―12（※幼稚園から12年生（18歳）までの学校）学区としてはメリーランド州で最大、アメリカ全体では9番目の大きさです。183校に、1万3700名の子どもたちがいます。年間1000～1500人の新任教師が採用されますが、**全員がインダクト**されています。

ここは子どもたちも教師も多様で異動が多く、歴史的に教師の離職率が高い地域でした。そこで1998年に、子どもたちの学びの達成を高めるために教師をトレーニングし、サポートし、定着させようと、プリンスジョージズ郡公共教育学区ではプロの教育者を養成するインダクション・プログラムを導入しました。それ以前は、新任教師は基本的なオリエンテーションしか受けていませんでした。

プログラムのゴール

「プロの教育者を養成するインダクション・プログラム」の主なミッションは、2年間のインダクション期間で、教師の専門能力の開発を行うことです。このプロセスの結果、新任教師は文化的に多様な環境であっても、学校が求めるゴール、目的、ポリシー、手順、研究に基づいたベスト・プラクティスを採り入れ、子どもたちの学びを達成することができます。このプログラムによって、プロの教育者として学区にとどまり、学び続ける教師たちのコミュニティーが形成されています。

プログラムのゴールは、以下の通りです。

・新任教師に学区内の教育関係者、リソース、サポート・サービスに親しんでもらう機会を提供する
・新任教師にカリキュラムと指導プログラムのインダクションを提供する
・新任教師が授業計画を立てる手助けをする
・新任教師が学級経営、教室環境を整えるスキルを身につける手助けをする

・**新任教師にネットワーク、サポート体制を築く機会を提供する**

プログラムの詳細

インダクション・プロセスには、教育長、教育委員会の役員、管理者、校長、メンター、現職教師、保護者、子どもたち、地域人材からのサポートがあります。全員が8月初旬の月曜日の朝、1000人以上の新任教師を歓迎するために、エレノア・ルーズベルト・ハイスクールに集まります。そこから**4日間の体系立ったトレーニング**が始まります。

トレーニング会場に到着すると、新任教師は登録をして「**ウェルカム・バッグ**」を受け取ります。中身はプリンスジョージズ郡公共教育学区の情報、『The First Days of School』(『世界最高の学級経営』東洋館出版社)[10]、初年度の指導、学級経営についての情報、ウェルカム・ギフト数点、資料ファイルなどです。資料ファイルには、以下が含まれます。

・**学区のミッションとゴール**
・**プログラムの主要なポイント**

・今後の予定のフレームワーク、カリキュラム資料、サポート・リソース
・ポリシーと手順の概要
・専門能力開発の機会についての情報
・必要な資格についての情報
・学級経営、指導についての情報
・保護者との円滑なコミュニケーションのヒント
・「指導における優秀さの基準」に関する資料
・教師の観察と評価の情報
・学区の年間スケジュール

登録と必要な提出物の回収が終わると、参加者には学校のカフェテリアで朝食がふるまわれます。学校の玄関ホールには様々なブースが設置され、一般的な情報、特別なプログラムについての情報、教職員組合、メンタリングについての情報などが提供されます。参加者は朝の登録時間や休憩時間、ランチタイムなどにこれらのブースに立ち寄ることができます。

朝食のあと、新任教師は講堂に移動し、高校生による演奏で迎えられます。人材開発の

責任者が参加者を歓迎し、小学生がプリンスジョージズ郡公共教育学区の新任教師全員に捧げる歌『愛は翼に乗って』を合唱すると、正式にスタートします。校長の一人が、都会の学習者にポジティブな環境を提供することの大切さについて話をします。一番のメッセージは、「子どもたち全員が可能性に満ちた存在で、その才能と強みを育む方法を見つけることが、教師にとって最も大切な仕事だ」ということです。

このオープニングのセッションでは、人材開発チームのメンバーが紹介され、教育長が新任教師を学区に歓迎する挨拶をします。

これから4日間の概要についての説明が終わると、新任教師は担当する学年、内容、専門分野に応じて振り分けられた手本となるクラスに移動します。教室は、学級開きの日の状態になっています。ここで新任教師は2日半を過ごし、指導主事や成功しているベテラン教師たちから指導を受けます。内容は学級経営、指導戦略、カリキュラム・プログラム、授業計画、初日の手順などです。ここでも毎日、ランチが提供されます。

2日目にも、簡単な全体集会があります。高校生の音楽演奏のあと、地元のテレビ局の教育専門家が、5人の新任教師の成長を1年間追った映像を見せます。『1年目：教師のオデュッセイア』と題されたこの映像は、新任教師が一般的に体験することを捉えています。そこには期待、フラストレーション、仕事の大変さ、疑問、成功、落ち込みがまとめられ、そこには「最高の職業についている」という思いが込められています。全体集会のあとは、引き続き手本となるクラスで指導が行われます。このプログラムは3日目の午後まで続きます。

2日目と3日目の夕方には、新任教師はコンピューター・クラスに参加するか、あるいは**「メイク・アンド・テイク・センター」**を訪問するかの選択肢があります。後者では、教室用の掲示板や視覚教材をつくります。人材開発部門がこのセンターに、掲示のアイデアや教材資料を提供しています。教師たちは1年中、この施設を利用できます。

3日目の午後には、全体のまとめのセッションがあります。新任教師がプログラムを評価し、さらなる励ましの言葉を受け、期間中の出来事をおさめたスライド・ショーを見ます。

4日目に、新任教師は**「クラスター」**と呼ばれている学校に集まります。指定を受けたいくつかの高校と、そこに進学する子どもが多い小学校、中学校です。ここではメンター、指導の専門家によるトレーニングがあります。このあと、各自が勤務する学校で基本的なオリエンテーションを受けることになります。

10月には、新任教師は5日目のフォローアップ・セッションに参加し、さらにサポートとトレーニングを受けます。8月以降に採用された教師向けには、1年を通じて土曜日にインダクション・トレーニングが何日か開催されています。

新任向けのサポート・サービス

プリンスジョージズ郡では、新任向けのサポート・サービスがあります。

・包括的なインダクション・プログラム。一連の集中トレーニング・ワークショップを含む
・30校での正式なメンター教師プログラム
・18校で任意の教師が行うコーチング・プログラム
・各校で設定される「バディ・システム」。以下の中から手助けを受けられる。同僚の専門家、学年主任、教師コーディネーター、チームリーダー、指導主事
・資格取得プロセスの一環としての指導。学年レベル、専門分野での熟練の教師が指導を担当し、参加者の心配ごとへの対処や指導を行う
・図書館
・教育のリソース・センター
・メイク・アンド・テイク・センター

・地域の大学を通じた資格取得コース
・州認可のワークショップ体験コース
・オンラインでの専門能力開発
・専門能力開発プログラム

プログラムの結果

プロの教育者を養成するインダクション・プログラムは、指導主事、メンター、教師、子どもたち、保護者、地域の方々、そしてインダクションの参加者から熱心なサポートと情熱を持って受け入れられました。インダクション・プロセスの成功は、有能で自信に満ちた新任教師の高い定着率によって証明されています。彼らは、教える子どもたちの人生を変えることにコミットしています。

新任教師はインダクション・プログラムを通じて、生涯学び続けるという姿勢を持ち始めます。さらにお互いに協力し合うこと、お互いの成功を願うファミリーの一員になることを学びます。

こういった文化が確立されていれば、この職業についている人たちは、あまりに楽しくて毎日仕事に行っているという感覚はないのではないでしょうか！

インダクション・プログラムの比較

	ラフォーシェ郡公立学校（ルイジアナ州）	フローイング・ウェルス学区（アリゾナ州）	プリンスジョージズ郡公共教育学区（メリーランド州）
プログラムのタイトル	教師をインダクトし、定着させ、サポートするためのフレームワーク（FIRST）	成功するための教師のインダクション・プログラム（TIPS）	プロの教育者を養成するインダクション・プログラム（PEIP）
学区のタイプ	地方	郊外	都会
学校数	27	8	188
子どもの数	16000 人	6500 人	137000 人
プログラム開始からの年数	7 年	18 年	5 年[A]
未経験の教師の年間採用数（概数）	80 人	18 人	1200 人
経験のある教師の年間採用数（概算）	35 人	14 人	600 人
年間の予算	5 万ドル	人材開発予算全体 20 万ドル インダクションには 12 万ドル（新任教師数により変動）	75万ドル（年によって変動あり）
資金源	学区	学区	学区
最初のインダクションの日数	8 月に 4 日間	全体向けに 8 月に 4 日間。高校の教師は 1 日追加	8 月に 6 日間
初年度の現職研修期間	7 日	最初のインダクションのあと丸 4 日	7 日
参加者	未経験教師（経験のある教師は別にインダクトされる）	学区で初めて勤務する教師全員	学区で初めて勤務する教師全員

	ラフォーシェ郡公立学校（ルイジアナ州）	フローイング・ウェルス学区（アリゾナ州）	プリンスジョージズ郡公共教育学区（メリーランド州）
新任教師へのサポートの期間	３年	４年以上	２年
主な焦点	学級経営と指導戦略	学級経営と指導戦略	学級経営と指導戦略
手本となるクラスの活用	あり	あり	あり
インダクション・チーム	コーディネーター、指導主事、学級の担任教師	コーディネーター、指導主事、学級の担任教師	コーディネーター、指導主事、学級の担任教師
インダクション参加者への支払い	手当て	学区の新任教師全員の契約に追加日数を加算	手当て
インダクションへの参加は任意か必須か	任意（99％が参加）	必須（100％が参加）	必須
メンタリングの要素	あり（州が出資）	あり（学区が出資＋助成金）	あり（州と地域が出資）
州全体のサポートと評価プログラム	あり	なし	あり
直近の有資格新任教師の離職率（学区を離れる）	７％	11％[B]	7.2％

A　プログラムは、1992年につくられてから改定されている。これは改定後、２年間経過したもの。

B　全体で34名のうち４名（11％）が離職。２名はさらに勉強をするために引っ越し、２名は結婚が理由で引っ越した。教えることに不満を持って辞めた人は一人もいない。したがって離職率は０％と捉えることもできる。

POINT

第5章のポイント

STEP 1

共有した情報

・成功しているインダクション・プログラムは、成果を上げる学級経営、成果を上げる指導の実践、学校の地域への順応、生涯学習、チームワークに重きを置いている。

・インダクションの主要なゴールは、①教えることにすんなり入れるようにする、②有能な教師の定着率を上げる、③教師の成果を上げる、そして一番大切な④子どもの学びを達成すること。

・ラフォーシェのFIRSTプログラムは州全体に採用されている。
フローイング・ウェルスは年に1回、インダクション・プログラムの導入についてトレーニング・セミナーを開催している。

・プリンスジョージ郡では年間1200名の新任教師を採用しているが、全員がインダクションを受けている。

STEP 2

変化を起こすために、あなたができること

・学区の規模にかかわらず、成功するインダクション・プログラムの導入は簡単にできるものだと認識する。本章で取り上げたプログラムの情報を活用して、独自のインダクション・プログラムをつくる。

・インダクションを後回しにしない。一歩を踏み出す。すぐに始める。

STEP 3

あなたの学校組織に役立つこと

・インダクションにはお金はかからず、むしろお金の節約になる。

・インダクション・トレーニングを導入すると、新任教師の不安が軽減され、より優秀な教師の定着率が上がり、学区全体に文化が浸透し、そして子どもたちの学びの達成率が上がる。

CHAPTER 5

第6章　さらなるインダクション・プログラム

開花

開花

人生とは不思議なもので、最高のものしか受け付けずにいると、最高のものが手に入ることが多い。

サマセット・モーム

教育において試験の次に話題になっているのは、教師不足と新任教師のトレーニングです。www.educationnews.org に日々アクセスしていると、そのことが確認できます。最も成果を上げている学校や学区はこの大切な問題を認識し、対応策をとっています。新任教師に対し、メンターをつけるだけではなく、インダクションを行っています。その結果、資格のある、有能な新任教師の定着率が上がります。キャスリン・ロビンスは自分の学区のインダクションの成功を、誇りを持って快く共有してくれた多くの教師のうちの一人です。この本の内容を考えるのは楽だったのですが、最終的に形にするのはとても大変でした。有望なインダクション・プログラムの例は次から次へと現れるので，資料に事欠くことはありませんでした。むしろ，すばらしい工夫が施された新たなインダクション・プログラムの例があまりに豊富で，それを本に反映するのが大変だったのです。ここに挙げたのは，ごく一部です。

・ネバダ州のクラーク郡教育学区では，新任教師向けに「ウェルカム・センター」があり，家探しやカーローン等，生活基盤を整えるサポートをしています。
・カリフォルニア州のニューヘブン・ユニファイド・スクール学区では，採用のほとんどをインターネットで行っています。
・カンザス州のブルー・バレー学区のプログラムはNEA-AFT Saturn/UAW Partnership Awardを受賞しました。このプログラムは学区と全米教育協会（ＮＥＡ），カンザス大学の共同の成果です。
・イリノイ州のコミュニティー合同の15学区には，４年間のインダクション・プログラムがあり，教師たちは国家資格を取得する準備をします。
・フロリダ州のグレーズ郡は教師の人数が100名未満ですが，新任教師のためのインダクション・プログラムを導入し，ベテランの教師にも参加を勧めたところ，ほぼ全員が参加しました。

・高校の校長であるジャック・レインズがインダクション・プログラムを導入すると、生徒を職員室に呼び出して指導する件数が122件から2件に減りました。

・カリフォルニア州立大学（CalState）のＴＥＡＣＨでは、学校にメンターや大学の指導者を派遣します。

・ノースカロライナ州では高校生向けに、教師になるための大学奨学金２万６０００ドルを提供しています。

・ニュー・リーダース・フォー・ニュー・スクールズでは優秀な教師を積極的に採用し、校長に育成するために厳格な実践トレーニングを行っています。

これらの学校が成果を上げる一方で、あまりに多くの学校が新任教師に対して何もしていないか、単に「メンター」をつけるくらいしかしていません。それで十分なサポートと言えるでしょうか。インダクション・プログラムによって、さらに多くの新任教師が成功できるよう手助けができればと思います。

もしあなた自身が新任教師で、すでにこの本を読んでいるなら、あなたの能力を引き出すためにも、本章に掲載されている成功に導く学校の例を参考にしてください。こうした学区では、あなたのことを大切にし、トレーニングをして育ててくれます。

1　インダクション・プログラムの一覧

本章では様々な地域のプログラムを紹介します。すべてに共通するミッションは新任教師のトレーニング、サポート、定着です。そして、すべてが驚異的に成功しています。プログラムそれぞれにつき、簡単な内容も載せています。掲載することを快諾いただいた学校、学区に心より感謝します。

example
01

「成功するための教師のインダクション・プログラム」
ノースカロライナ州・ガストン・スクールズ

成功するための教師のインダクション・プログラム（ＴＩＰＳ）は、この学区における新任教師を対象とした１週間のセミナーです。**終了後も、毎月土曜日にフォローアップ・セッションが１年間続きます。**このプログラムは、優れた教育に対する知事の賞（The Governor's Award for Excellence in Education）を受賞しています。

example
02
「教育を優れたものにするアライアンス」
―カンザス州・ブルー・バレー学区229

このインダクション・プログラムはブルー・バレー学区とブルー・バレー全米教育教会が提携しているものです。新任教師を学区にインダクトし、修士の資格を取るための勉強の機会を、利便性の高いブルー・バレーの公共施設で提供しています。学校が始まる前の5日間のセッションに加え、追加で3日間のトレーニング・セッションが1年間のうちにあります。

このトレーニングには手当てが支払われ、教師との契約にも盛り込まれます。**3人の熟練した教師が新任教師を観察し、相談に乗り、サポートします。**教えている学年または教科が同じ教師がメンターとなり、さらにトレーニングを受けた同僚のアシスタントもつきます。

これはブルー・バレー・同僚アシスタンス・プログラムの一環です。同僚アシスタントは新任教師の指導やサポート、評価プロセスの手伝いのための時間を与えられます。このプログラムはNEA-AFT Saturn/UAW Partnership Awardを2001年に受賞しています。

example
03
「新任教師アセスメント・プログラム」

オクラホマ州・エルレノ公立学校

エルレノの新任教師アセスメント・プログラム（N-TAP）の一環として、学区に新たに入った教師全員が、学校の始まる直前にインダクション・トレーニング・セッションを受けます。この成果を上げる教師向けの1週間のプログラム（PET）では、学区のオリエンテーション、学級経営と指導戦略のトレーニング、学区の哲学、ミッション、手順の紹介が行われます。

N-TAPでは人材開発担当者、校長、コーディネーター、メンター教師、教育委員会の職員や指導主事による継続的なサポートがあり、新任教師がしっかりしたトレーニングや十分なサポートを受けられるように気を配っています。これにより、新任教師の定着率が上がりました。

example
04
「教師支援プログラム」

イリノイ州・コミュニティー・コンソリデイテッド学区15

「教師支援プログラム」は、4年間必須のインダクション・プログラムです。**メンタリング要素が強く、**新任教師に向けて国家資格の準備をサポートします。専任のインダクション・ファシリテーター・トレーナーがプログラムのコーディネートをし、州で定められているインダクションと資格の要件を満たし、上回るようにしています。

example
05

「成功するための教師のインダクション・プログラム」
――フロリダ州・マナティ郡

マナティ郡の新任教師は、まずは学校が始まる前の4日間のトレーニング・セッションから、**成功するための教師のインダクション・プログラム（TIPS）**を始めます。これは成果を上げる教師になるための3年間のプログラムです。定期的なサポート・グループ・ミーティングがあり、同僚と指導主事からも強力なサポートがあります。同僚教師によるスタディ・グループがつくられ、フロリダ州で新任教師が満たさなければならないプロとしての能力に関する書類を整える準備を手伝います。参加者は15の分野で、はっきりと能力があることを示さなければなりません。マナティ郡には、オルタナティブ・サーティフィケーション・フォー・ティーチャーズ（ACT）プログラムもあります。

責任者のスティーブ・ジィッカフースは、その努力が認められ、2001年ナショナル・スタッフ・デベロップメント・カウンシル（NSDC）の新任スタッフ開発アワードを受賞しました。

example
06

「インダクション・プログラム」

―ニューヨーク州・アイスリップ公立学校区

アイスリップ学区には包括的な3年間のインダクション・プログラムがあります。まず新任教師が教え始める前のオリエンテーション・プログラムが行われ、その後もプロとしての能力開発が継続していきます。3年間のプログラムを仲間たちと一緒に受け、関係を築き、サポートし合います。

1年目　人事担当である、リンダ・リップマン主導の3日間のオリエンテーションが行われます。基本的な手順の説明や自己紹介、地域のバスツアー、チームづくりのための活動、食事、初日のアドバイス、緊張をほぐす活動、組織的な戦略の説明、給与担当者や建物の管理者、組合長とのミーティングなどがあります。毎月、新任教師と人事担当とのミーティングが行われ、そこでは『The Effective Teacher（成果を上げる教師）』[1]のビデオシリーズを媒体に、対話や話合いが行われます。同僚サークルも、公式な毎月のミーティングの合間に、やはり非公式に毎月集まります。**さらに保護者面談やオープンハウスの対策等をテーマとした追加のワークショップが開かれます。**

2年目　1日オリエンテーションが行われ、毎月のミーティングで内容を扱う本、『Cooperative Discipline（協力的な修練）』[2]が紹介されます。「修練」とは「教える」ことだという理解のもと、学級経営のテクニックや適切な行動を推奨することの重要性などが紹介されています。チームづくりの活動が行われ、つながりや仲間意識が養われます。そして、もちろん食べ物も出ます！

3年目　人事担当主導の1日オリエンテーションが行われ、『Cooperative Discipline（協力的な修練）』で保護者による子どもの教育について見ていきます。3年目の教師であっても毎月集まります。それぞれのミーティングはニーズに応じて適切なワークショップ・プレゼンターが招かれる形になっています。過去には**協働的な学びの戦略、複数の学びのスタイル、学習法のテクニック、ストレス・マネジメント、タイム・マネジメント、教育者としての自負心**などがテーマとなりました。もちろん、食べ物が出ます！

新任教師には1年間に3回、ニュースレターが配られます。『TIPS』（教師インダクション・プログラム・スタッフ／Teacher Induction Program Stuff）というニュースレターで、指導戦略や協働的な学びの方法、地域についての情報が掲載されています。各号で、新任教師が一人ずつ取り上げられます。

年度の終わりに教育委員会が終身在職権を承認すると、該当する教師のお祝い会が開かれます。主な内容は新任教師に焦点を当てたプレゼンテーションが中心となります。ある年のテーマは**「私は信じる」**で、これは『The Effective Teacher（成果を上げる教師）』のビデオ・シリーズに出てくるナンシー・シフォード・アラナの詩を元にしていました。それぞれの教師に「私は信じる」という文言を入れた一文をつくってもらい、トリッシュ・マルカッツオがいう That Noble Title Teacher[3]（高貴な肩書、教師の免状）を本人が受け取るときに、その文章と写真が紹介されました。そしてもちろん、このお祝いでも食べ物がふるまわれました。

アイスリップの新任教師インダクション・プログラムは、成長し、成功しています。人々はプログラムを始めた教育長のビジョンを、またプログラムに参加した教師の反応を誇らしく思っています。学区では、プログラムが成長し続け、新任教師をサポートし続け、彼らがクリスタ・マコーリフのいう未来に触れる教師となる機会を生み出しています。

example
07
「新任教師インダクション・プログラム」
ミシガン州・ポート・ヒューロン学区

ポート・ヒューロンの新任教師インダクション・プログラムは、新任教師が地域の人材や教育方針、リソースに馴染めるようにつくられています。また教室での成功を確実にするための手順と指導戦略も盛り込まれています。8月初旬の4日間の新任教師のためのインダクション・セッションがあり、採用された年には1年間、毎月の専門知識開発セミナーも開催されます。さらにサポート教師がつき、直接手助けを行います。

example
08
「新任教師インダクション・プログラム」
アリゾナ州・グレンデール・ユニオン・ハイ・スクール学区

1993年に始まったグレンデールの新任教師インダクション・プログラムは、**学区の行政と教育協会が合同でつくったもの**です。学区に来て1年目、2年目、そして3年目の教師を対象にしています。1年目の教師に向けては学校が始まる2週間前に10日間のトレーニングがあり、指導の重要な要素（マデリン・ハンター）、学級経営（ハリー・ウォン）に重点が置かれています。学区では学期毎にワークショップが開かれ、そのあとにそれぞれの学校でミーティングが行われます。

それぞれの学校にはスキルを持ったメンターがいて、新任教師のトレーニングとサポートをします。新任教師向けに授業や指導戦略のお手本も示されます。そのあと、新任教師は計画を立て、**マイクロティーチング**（※短い授業練習。録画し、評価・検討し合う）を行い、学校のグループやメンターの助言も受け、自分たちの授業を分析します。

学校ではメンターとのミーティングが毎週開かれ、指導主事とのミーティングもあります。そのときに新任教師のニーズを確認します。メンターは毎日授業を2クラス受け持ち、それ以外はファシリテーターの役割を果たします。役割は、次のようなものです。

- **新任教師全員を観察します。その際、客観的な管理、経験に基づいたコーチング・モデル、その他の観察テクニックを使います**
- **学区のワークショップやプロとして役立ちそうなことをフォローアップします**
- **インダクション・プログラムを改善するため、継続的に人材開発に携わります**

2年目の教師は、夏に4日間の能力開発トレーニングを受けます。3年目の教師は、3日間の上級の能力開発トレーニングを受けます。このインダクション・プログラムは、開始から学区の教師の半数以上に貢献しています。

example
09
「インダクション・プログラム」
——アリゾナ州・メサ公立学校区

メサのプログラムは、6年間の専門能力開発プロセスです。

1年目には、学校が始まる前に4日間の学級経営のトレーニングがあり、学級開きと最初の数週間向けの教室環境や資料準備等に対する**出張サポート**があります。1年目と2年目には1対1のメンタリング・サポート、デモンストレーション教室へ参加、模範的な学級経営や指導を見学するための自由な日が設けられています。プログラムは、普通教育、特別支援教育、カウンセリングを含みます。

新任教師は3年目と6年目の終わりに、インダクションを無事に完了したことに対する少額の手当てを受け取ります。プロとしての指導水準と州の教育水準もプログラムに組み込まれています。毎年約500人の新任教師が採用され、この学区のキャリア階段と専門能力部門とのジョイント・ベンチャーに参加しています。このプログラムは全国的に評価され、『ビデオ・ジャーナル』[4]とジョーレン・キリオンによる『Assessing Impact: Evaluating Professional Development（影響力を測る：プロとしての成長を評価する）』[5]に取り上げられました。

example
10
「新任教師インダクション・プログラム」
コネティカット州・ブリッジポート教育委員会

このインダクション・プログラムは学校が始まる1週間前、4日間行われます。学級経営、カリキュラム、指導に焦点を当て、**明確な期待を持たせることと学問として厳密に学ぶことに重点が置かれています。**インダクションの期間中、校長や学区の管理者が積極的に関わり、新任教師の歓迎、学校の雰囲気の紹介などを行います。

インダクション・プロセスは1年間続き、毎月ワークショップが開催されます。テーマは新任教師が必要としているものを取り上げます。ワークショップは、様々な部門とカリキュラム・コーディネーターが企画しています。

学級経営の継続的なサポートも提供されます。さらにそれぞれの教師には、4年以上の経験のある教師がメンターにつきます。メンターになるベテラン教師は州のBESTプログラムの条件を満たすよう、メンターのトレーニングを受けています。メンターは定期的に（最低でも月に2回）新任教師が難しいと感じている課題について話し合います。毎月**『新任教師リソース・ガイド（New Teacher Resource Guide）』**がつくられ、メンターと新任教師が話し合ったトピックを取り上げています。

example
11
「教師インダクション・プログラム」
――ジョージア州・ヘンリー郡公立学校区

TIP（教師インダクション・プログラム／Teacher Induction Program）では、初めて学区で教える教師向けに8月初旬に5日間のトレーニングを行います。初年度には手本となるクラスで学ぶことができ、メンターのサポートも受けられます。さらに新任教師のニーズに応えるためのフォローアップのトレーニング・セッションが1年を通じて開かれます。

example
12
「新任教師プロジェクト」
――カリフォルニア州・サンタクルーズ郡

新任教師を体系立った、包括的なアプローチでサポートするのは新しい現象ではありません。第5章、6章で紹介している学校の多くは、これを10年以上続けています。サンタクルーズの新任教師プロジェクトは、**14年間、新任教師の手助けをしてきました**。これはカリフォルニア大学、サンタクルーズ郡教育管理事務所、それに郊外まで含むサンタクルーズ地域とシリコンバレー地域の30近い学区が協働して生み出したものです。

サンタクルーズ新任教師プロジェクト（SCNTP）はカリフォルニアのビギニング・

ティーチャー・サポート・アンド・アセスメント（BTSA）に対する地域のマニフェストです（182ページ参照）。SCNTPでは**94％の定着率**を誇っています。

新任教師の成功は大切なので、**新任教師センター（NTC）**もつくられました。教師の能力開発に特化した国立のリソース・センターで、アメリカの教師の力を高めるサポート・プログラムなどを推進しています。

ここでは毎年新任教師インダクションに関する全米シンポジウムを主催しています。詳細は www.newteachercenter.org をご参照ください。

example
13

「インダクション・プログラム」

オレゴン州・メドフォード学区

メドフォードの成功の始まり――インダクション・プログラムは1989年から続いています。学区の新任教師を対象に2年間行われます。1年目の教師は学級経営の21時間のコースを受講します。8月に3回の7時間のセッションがあり、ここで二つの卒業単位が与えられます。次に同僚の教師が割り当てられ、年間を通して学級経営のコースで学んだ概念を生かせるよう、サポートを受けます。2年目の教師も同じ形式のトレーニングを受けますが、**「指導の重要な要素」に重きが置かれます。**

学級経営のコースの内容は、「予防、介入、自立、ルール、手順」「手順のための授業計画」「動機づけ理論」「強化理論」「最少介入の法則」「論理的帰結」「学級開きに大切な要素」などです。指導の重要な要素は、「積極的な参加」「ブルームの目標分類学」「目標を明確に立てる」「目標に向けて教える」「モデリング」「予備の資料を使う」「終業を告げる」「特定の授業計画を使う」などです。

example
14

「インダクション・プログラム」

――イリノイ州・ライデン・ハイスクール

「教えることに関して知りたかったこと…、でも怖くて聞けなかったこと」。

このすべてがシカゴ郊外地区の二つの公立学校の新任教師向けのプログラムです。8月初旬に1週間のトレーニング・セミナーがあり、ここでは学級経営に重点が置かれます。その後も新任教師はそれぞれのメンターと指導主事と毎月面談を行います。インダクション・プログラムはライデン大学のプログラムの一部で、すべての新任教師及び指導経験のある教師に向けて、能力開発の機会を提供しています。

example 15

「ハイスクール・インダクション・プログラム」

イリノイ州・ホームウッド・フロスモア・コミュニティー

2人の専門能力開発コーディネーターと指導主事がホームウッド・フロスモア・インダクション・プログラムの指導リーダーです。その役割は、参加者に対して成果を上げる指導の実践のお手本を見せながら、年度始めに必要な指導スキルや能力を伝授することです。新任教師は、8月初旬に6日間のインダクション・プログラムに参加し、その後も年間を通じて定期的に集まります。

ホームウッド・フロスモアの新任教師インダクション・プログラムは、卓越したベテランの教師としてお手本やメンターとして活躍する**「モデル・ティーチャーズ」**にサポートされています。モデル・ティーチャーズは夏に2日間のトレーニングを受け、年間を通じてチームとして頻繁に集まります。

モデル・ティーチャーズと新任教師は少なくとも1週間に1時間はミーティングを行い、3か月に1回は互いのクラスを見学し、学びの日誌をつけます。

example
16
「ビギニング・ティーチャー・サポート・アンド・アセスメント・プログラム」
カリフォルニア州・スタニスラウス郡

カリフォルニアのビギニング・ティーチャー・サポート・アンド・アセスメント・プログラム（ＢＴＳＡ）は１９９２年にカリフォルニア州の上院法案１４２２によって開始されました。この法案により**州の新任教師たち全員に、徐々にサポートとアセスメントを提供していくことが決まった**からです。

州の1年目と2年目の教師の約75％が130のＢＴＳＡプログラムのいずれかに参加していました（１９９７年）。教師は2年間の継続的なサポートを受け、さらにＢＴＳＡプログラムの活動やワークショップに参加できます。スタニスラウス郡ではプログラムに参加した新任教師の定着率はなんと95％です。

example
17
「インダクション・プログラム」
カリフォルニア州・ニューヘイブン・ユニファイド・スクール学区

ニューヘイブン・ユニファイド・スクール学区のインダクション・プログラムは、学校が始まる前の5日間のワークショップでのオリエンテーションとトレーニングから始まります。続いて毎月、サポート・ミーティングも行われます。新任教師それぞれが**4通り**のサポートを受けます。**①サポートチーム、②専門能力開発の機会、③空き時間の確保、④物品や資料に対する資金援助です。**サポートチームは、パートナー教師、メンターあるいはBTSAスペシャリスト（または両方）、さらに必要と思われる追加メンバーで構成されています。

example
18

「ビギニング・ティーチャー・サポート・アンド・アセスメント」

――カリフォルニア州・リオ・リンダ・ユニファイド・スクール学区

リオ・リンダもカリフォルニア州の**ビギニング・ティーチャー・サポート・アンド・アセスメント（BTSA）プログラム**に参加しています。学校が始まる前の5日間のトレーニングに対し、1日当たり**185ドルの手当てを支払っています。**

続いてBTSAネットワーク・ミーティングが毎月、新任教師のミーティングが3か月毎にあります。さらにサポート提供者とのミーティングが毎週、そして（事前にアレンジすることで可能な）手本となるクラスや授業を参観する機会も土曜日に3回あります。地域ではカリフォルニア州の教師水準[6]を参考にし、日々の成果を上げる指導の手本としています。

example
19

「ビギニング・ティーチャー・サポート・アンド・アセスメント」
カリフォルニア州・カピストラーノ・ユニファイド・スクール学区

カリフォルニア州の**ビギニング・ティーチャー・サポート・アンド・アセスメント（BTSA）**を使い、カピストラーノ・ユニファイド・スクール学区では新任教師がカリフォルニア州の**教師水準**[7]に焦点を当て、技能を習得できるように手助けをしています。

参加教師は、学校が始まる前に10時間のオリエンテーションと学級経営のトレーニングを受け、続いて最初の２年間はワークショップにも参加します。

さらに資格のあるベテラン教師との１対１のミーティング、他の教師の授業を見学したり、カンファレンスに参加したり、同僚と戦略を立てたりコミュニケーションをとったりするのに使える自由な日が４日間、資料購入のために150ドル、学区や学校での専門能力開発のために１０５０ドルまでの補助金を受け取れます。

このプログラムは予想以上の効力を発揮しました。ＢＴＳＡプログラムに参加した教師は、一人も「プロフェッショナル改善プラン」（いわゆる「指導力不足の教員に対する研修」）には差し向けられていません。

example
20

「新任教師インダクション・プログラム」
——カリフォルニア州・ドライ・クリーク・ジョイント・ユニオン・スクールズ

郊外のサクラメント学区の新任教師インダクション・プログラムには、三つの要素があります。

要素1　学校が始まる前に2日間のワークショップが開催され、学級開きで成功し、成果を上げる戦略に焦点が当てられています。ランチがふるまわれ、ポジティブな雰囲気づくりに役立ちます。アイデア、学区のカリキュラム資料などが入ったファイルと『The First Days of School』（『世界最高の学級経営』東洋館出版社）[8]が1冊ずつ配られます。

要素2　それぞれの教師は、コンサルティング教師と相談してサポートを受ける時間が少なくとも毎週1時間はあります。カリフォルニア州BTSAプログラムを財源として、それぞれの教師に少額の手当てと、教室の備品用に150ドルが支払われます。さらに他の教師の授業を見学するために2日間が与えられます。

要素3　新任教師に役立つ様々な内容で、毎月現職教師のトレーニングが行われます。要素2と3は2年間続きます。

example 21

「インダクション・プログラム」

サウスカロライナ州・レキシントン郡学区3

レキシントンのインダクション・プログラムは、サウスカロライナ州の**教師の補助、育成、評価（ADEPT）プログラム**と提携するように開発されました。

インダクション・プログラムでは、まず学校が始まる前に4、5日間のミーティングとトレーニングが行われます。初年度には、新任教師はプロとしての成長計画を立てます。これは学区の教育目標に沿ったもので、インダクションの記録もつけます。インダクション・トレーニングは学区が構成したもので、協力関係にある地域の大学の大学院課程で補完されます。新任教師はメンター、指導主事、オブザーバーからなるアシスタント・チームのサポートを受けます。さらに1日半の自由時間があり、この時間に熟達した教師の授業を見学できるようになっています。

example 22

「インダクション・プログラム」

ネバダ州・ダニエル・ゴールドファーブ小学校

ダニエル・ゴールドファーブ小学校は、ラスベガスのクラーク郡教育学区にあります。

クラーク郡教育学区のインダクションに加え、ゴールドファーブ小学校に新しく入った教師は、学校で校長のブリジット・フィリップスによるインダクション・トレーニングも受けます。**校長は継続的な放課後のセッションを1年間続け、学級経営と指導戦略を伝授します。**同じようなトレーニングは、教育実習生にも行われます。

example
23

「エクセル・インダクション・プログラム」

テキサス州・キリーン・インディペンデント・スクール学区

キリーンのエクセル・インダクション・プログラムは8月上旬、新任教師に対する4日間のトレーニング・セッションから始まります。そのあと1年間、フォローアップ・セッションが継続して行われます。世界最大の軍用施設の一つ、フォートフッド陸軍基地に隣接しているため、ここでは教師、子どもたちともに移動が多いのが特徴です。

example
24

「インダクション・プログラム」

ミシガン州・ウォーターフィード学区

ミシガン州で定められている新任教師のための**15日の能力開発期間**を満たすように設計されているプログラムです。シャーロット・ダニエルソンの著書『Enhancing Professional Practice：A Framework for Teaching（専門的訓練の強化：教えるためのフレームワーク)[9]』にある指導の四つの領域と、ウォーターフォード指導モデル（ＷＩＭ）が組み合わせられています。見習い期間の教師は、学校が始まる前に３日間集まり、さらに１年を通じて追加のトレーニングを受けます。

１年目の教師は、**「教室の環境」**に焦点を当てます。教師たちは学区の情報とカリキュラムの手引きが記載されたノートを受け取り、メンターも割り当てられます。

２年目の教師は、**「計画と準備」**に焦点を当てます。カリキュラムに対して期待されていること、指導、評価に関して詳細に指導を受けます。

３年目の教師はＷＩＭの要素を使い、**「子どもに個別の指示を与えて全員を成功に導くこと」**に焦点を当てます。

４年目の教師は、**「さらなる成長と、規格に基づく指導を行うこと」**に焦点を当てます。ミシガン州教育連盟と連携し、メンター教師はパスワイズ・システムでトレーニングを受けます。これは教育テスティング・サービスによって開発されたもので、シャーロット・ダニエルソンによる指導の領域が採り入れられています。

example
25

「ビギニング・ティーチャーのためのインダクション・プログラム」

——シンガポール

シンガポール航空は、ビジネスで移動する人たちに、最高の航空会社として評価されています。その成功は、体系立ったトレーニング・プログラム[10]にあります。体系立ったトレーニングはシンガポールの文化で、シンガポールの新任教師もシンガポールの教育省のもと同様の模範的なやり方でトレーニングを受けています。

専門能力開発センターには、以前学校のキャンパスだった場所がそのまま使われており、協力と熟達の文化をサポートするスタッフがいます。このセンターは、**「教師のネットワーク」**と呼ばれています。そのビジョンは、「サポートのネットワークや専門知識の情報を交換すること」「学びを通じ、卓越した実践を行う教師たちの団体となること」です。

協力。同僚と協力して一緒に働くことは、重要です。「教師のネットワーク」は学校に学びのサークルを築くのに役立ちます。これは少人数の教師が集まり、共同で調査を行ったり、学んだりするものです。

自制。学びの組織にとって、自制心は大切な柱です。変化を促進したり、適応したりするには自制心をもって、プロの教師として成長することが大切です。「教師のネットワーク」は様々なワークショップ活動を提供し、教師たちが自制心を養えるようにします。

新任教師のインダクションは、1年間のプログラムで（プログラム自体は3年目です）、「教師のネットワーク」が企画しています。新任教師のインダクション・プログラムの目的は、以下の通りです。

・教育制度と地域の文化を新任教師に伝授する
・教師という職業に対するポジティブな態度を強化する
・教師のパフォーマンスを改善する
・教師の定着率を向上させる
・新任教師の個人的な幸せを促進する

イントラネット。「教師のネットワーク」は、新任教師のサポートをイントラネット（組織内でのみ構築されたネットワーク）を通じて継続します。

①I CARE（教育者のための個別カウンセリングとアドバイザリー・リソース／Individual Counseling and Advisory Resource for Educators）：電話、手紙、メールなど

で連絡を取る必要があるときに、オンサイトで誰かしら個別に相談に乗ってくれる人を見つけることができます。ネット上だけではなく、直接会ったり、電話で話したりもできます。

②教えて共有する：教師は、自分の成功体験を共有し、またベスト・プラクティス、授業、活動、戦略などをアーカイブからダウンロードすることもできます。

③教師のフォーラム：チャットルームのようなコンセプトで、教師は正直な考えを、無記名で投稿することができます。

④教師オンライン：雇用に関する質問が適切な担当者に伝わります。

教師のネットワークのほかに、教育省の他の部門でもサービスとプログラムを提供しています。教師の個人的な成長は、インダクションにとどまりません。教師は毎年、100時間のトレーニングを受けることを推奨されています！

シンガポールの文化の素晴らしさは、国際的なテストの結果でも明らかです。協力と自制心の文化が自己実現を果たすプロ教師を生み出すと知ったら、マズローもきっと満足することでしょう。

example
26

「インダクション・プログラム」

――バージニア州・ラッパハノック郡ハイスクール

ラッパハノック郡には、小学校と高校の二つの学校があります。ジャック・レインズは高校の校長で、学校が始まる前に新任教師の全員と顔を合わせます。そして学級経営と指導戦略につき、1週間のトレーニングを行います。インダクション・トレーニングは1年を通じて続きます。

example
27

「インダクション・コース」

――オクラホマ州・ノースイースタン州立大学

ノースイースタン州立大学では、学生が教師となり、教え始めたら体験するであろうことに対して実践的に準備するためのインダクション・コースを開発しました。このコースは、学区のサポートやトレーニングが十分ではないという声を受けて、つくられました。学生たちには独自の**インダクション・ノート**が配られ、実際の教師の仕事にすんなりと入っていけるようサポートを受けます。

example
28
「CalState　TEACH」
――カリフォルニア州・カリフォルニア州立大学

カリフォルニア州立大学では、ドミノ・ピザの配達のように、インストラクター、あるいはメンターをあなたのお家までお届けします。

大学からはかなり離れた場所に住んでいる？
環境の問題で大学のプログラムにアクセスできない？
あるいはフルタイムの教師の仕事についているのかもしれませんね。

問題ありません。CalState TEACHは革新的な18か月間のプログラムで、特に資格を持たない小学校教師向けに考えられたものです。カリキュラムは、自習のフォーマットで届けられます。参加者は、オンラインやプリント、CD-ROMの資料を使います。ウェブベースのクラスの話合いや特別なウェブサイトを通じてアイデアを共有したり、カリフォルニア州立大学の教師やオンサイトのメンター教師たちからプロのフィードバックを受けたりできます。

2　校長にもインダクションが必要！

「私は鍵をわたされ、学校を引き継ぐように言われました。校長のためのインダクション・プログラムはありませんでした。メンターさえ、いませんでした」。

とある校長の言葉

・全国の9万2000人の校長の半数以上が、今後5年間で定年で、あるいは自己都合で退職すると予測されている[11]
・米国の校長の平均年齢は50歳近く、今後10年間でそのうち40％が定年退職をする
・アイオワ州で2003年までに定年退職の対象となる校長のうち、実に93％が退職を予定している[12]

①校長のためのインダクション・コース（ニュージーランド）

オークランドで開催された、初めての校長のインダクション・コースに新任校長が参加しました（2002年）。

当時の文部大臣のトレヴァー・マラードは、次のように述べました。

「校長は、学校の成功にとって非常に大切です。教育水準の観点から言うと、校長によい仕事をしてもらえれば、すべての学校の教育の質に大きく影響するでしょう。経験豊富な多くの校長は過去を振り返って言います。『あのとき、いまの知識があれば、楽だった』。校長が準備万端なら、学校もよくなりますし、学びも向上します」。

この取組には、以下も含まれます。

- 校長のためのノートパソコン（新しい校長から）
- 重要な情報やサービスを提供する、校長と指導主事専用のポータルサイト
- 校長のためのプライベートなオンライン・ネットワーク

トレヴァー・マラードによると4日間の出席を必要とするコースでは、新任の校長に教育のリーダーとしての役割を理解してもらい、学校文化の示し方を伝授し、さらに学校内外でしっかりとした人間関係を築く手助けをします。[13]

②新ミレニアムのためのリーダー（ノースカロライナ州）

すべての企業に、マネジメント・トレーニングがあります。その重要性を認識している学区では、校長をトレーニングして、不足を補っています。メンタリングではなく、**トレーニング**です。もしメンタリングがすべての教師の苦悩の答えなら、学区では指導主事のトレーニング計画もない中で、誰が新任校長のメンターになるべきでしょうか？

全米初等学校長協会では、全米の9万3０００人の校長のポストのうち、40%が空席になる可能性があると予測しています。[14]そこで全国的にトレーニング・プログラムが導入され、やる気のある校長候補を育てています。

例えばノースカロライナ州、ウェイク郡では**新ミレニアムのためのリーダープログラム**の参加者に、必要なリーダーシップ講義を受講する費用の50%を補助しています。

③校長のインターンシップ・プログラム（ルイジアナ州）

成果を上げる校長は急に誕生するのではなく、トレーニングを受けています。

教室での成功体験やカリキュラム、指導に対する理解が成果を上げる指導主事になるためには必要ですが、それだけでは十分ではありません。指導主事になるには、成功した指導体験だけでは身につかない特定のスキルが必要です。このことが、**校長のためのインダクション・プログラム、校長のインターンシップ・プログラム**の前提となっています。このプログラムは州の教育担当、サウスイースタン・ルイジアナ大学の教育・ビジネス学部が協力してつくったもので、新任校長に、リーダーシップとマネジメントについて2年間の継続的なトレーニングとサポートを提供しています。

校長のインターンシップ・プログラムは、州の要求や取組、リーダーシップ開発の研究、「ルイジアナ州の学校長の基準」に沿った内容となっています。プログラムの主な要素は、学校の改善プロセスと学校の責任です。ゴールは、リーダーシップを、より生産性の高い学校や子どもたちの達成と結びつけることです。以下のような内容になっています。

・新任の指導主事を育て、導き、リーダーシップのスキルを発展させる
・子どもたちに関連する調査や学校改善を通じてインターンを指導する

・指導主事のコミュニティーとつながりを持つ手助けをする
・リーダーシップと学びの関係を理解する
・学校改善プランを立てる手助けをする
・新しい学校のリーダーの成長を助ける

新任校長、教頭向けの2年間のプログラムの期間中、メインは1年間のオンライン能力開発コースとなります。これは「ブラックボード」という教育プラットフォームで運営されています[15]。

1年目のコースには7モジュールあり「ルイジアナ州の学校長の基準」と「学校指導者のための州間の指導者免許コミッション規格」に基づいています。それぞれのモジュールは、様々な州にある大学の教育リーダーシップに関する教授が担当します。彼らは課題や議論に目を通し、適切なアドバイスを参加者に提供します。さらにインターン一人ひとりはチームメンバーの一員となります。チームには他の新任校長がいて、経験豊富な校長がメンターとしてついています。メンター校長の役割は、サポートをし、励ますこと、そして「ブラックボード」を通じてバーチャルなネットワークを築くことです。このネットワークは、コースが終了しても長く役立ちます。モジュールは、それぞれに誘導的な質問、テキストやウェブサイトの読み物、指導主事に共通するケーススタディで構成されています。

2年目のモジュールは、指導のリーダーとして、校長が直面し得る問題を扱います。校長インターンシップ・プログラムを通じて、ルイジアナ州のすべての校長の間ではバーチャル・ネットワークが築かれ、個別に直接連絡をすることもできます。

このプログラムの強みは、新任校長と経験豊富な校長の交流の時間が長いにもかかわらず、バーチャルな環境のおかげで校長が学校をあまり離れなくて済むことです。

参加者がオンライン・モジュールを完了すると、プロフェッショナル・ポートフォリオの準備を始め、これはプログラムの最後に発表されます。すべてのモジュールは州、及び国の基準を満たしているので、参加者は校長としての職務の知識を十分に身につけることができ、日々の役割に期待されていることも理解できるようになります。完了したインターンは、プログラムが優れているというレーティングを93％つけていて、品質の高い能力開発の活動であると評価しています。

3　サクセス・ストーリーを共有する

本章に掲載した学区や人は、本章の冒頭に引用したサマセット・モームの考え方を実践しています。教育者の皆さんに代わって言い換えると、次のようになります。

教育とは不思議なもので、指導主事や教師、子どもたちから最高のものしか受け付けずにいると、最高のものが手に入ることが多い。

そして手に入れるには、どうすればいいのでしょうか？　最高の人たちにトレーニングを受け、組織の全員が最高の力を発揮できるようにすればいいのです。

本書の一番の目的は、新任教師が成功できるよう、情報を共有することです。新任教師が成果を上げる教師となり、教える子どもたち一人ひとりの人生にいい影響を及ぼすようにすることです。

そこで様々な学校や学区の、模範的な新任教師のインダクション・プログラムを紹介しました。ぜひあなたのインダクション・プログラムを私たちと共有してください。

POINT

第６章のポイント

STEP 1

共有した情報

・全国の、さらには他地域の地方や郊外、都会の学校や学区では、インダクション・プログラムを採り入れることで、資格を持つ有能な新任教師の定着率が上がっている。
・ルイジアナ州には校長のためのインダクション・プログラムがある。
・イリノイ州のある学区では、新任教師に対して全米委員会資格証の取得準備を行っている。
・ノースカロライナ州では、教師を目指す高校生に奨学金を出している。
・教師を目指している学生のインダクションのために、学区は地域の大学と連携している。

STEP 2

変化を起こすために、あなたができること

・教師希望者、新任教師、そして校長のインダクションに成功している学校や学区と契約する。
・あなたの成功を共有する。私たちがそれを、さらに多くの人たちと共有する。

STEP 3

あなたの学校組織に役立つこと

・インダクションは、地域ができる投資の中で最高のものの一つである。
・地域と大学の協力は非常に貴重だ。
・新任教師は、トレーニングを行い、サポートしてくれる地域にとどまり、成功する。

CHAPTER 6

第7章　明日への投資

保管

どんなときでも一番すばらしいのは、自分がなれるものになるために、進んで自分を捨てることだ。

マックス・デ・プリー

私たちは知っています。本当に成果を上げる教師がどういうものなのか。私たちに欠けているのは、教師向けの包括的な能力開発の制度です。大学から学校へ、そして教室へとつながり、その知識を実践に活かせるものです。このことに気づいた学校や地域の聡明なリーダーたちは、包括的なインダクション・プログラムを準備しました。プログラムのうちのいくつかは特に行き届いていて、多くの教師が全米委員会資格証の取得を目指したり、達人とみなされたりするようになります。

インダクション（メンタリングではなく）は、多くの学校や地域が採り入れている包括

的なプロセスで、協力的な文化や成果を上げる指導、そして子どもたちの成功を確実にするものです。教師はトレーニングとサポートを受けると、成功して学校にとどまります。教師が成功すれば、子どもたちはよく学びます。

最も大切なこと

全米教員養成認定委員会（National Council for Accreditation of Teacher Education／NCATE）の代表、アーサー・E・ワイズは、「全米学習指導・未来委員会（National Commission on Teaching and America's Future）の報告書は、教える職業に関して新しいビジョンと機会を示しました。アメリカの教育の歴史上初めて、教える職業を生み出す包括的なビジョン（採用から準備、インダクション、能力開発の継続）が政治、ビジネス、教育のリーダーたちから表明されたのです」と述べています。

ここでワイズが言及している報告書とは、『最も大切なこと：アメリカの未来のために教える（What Matters Most: Teaching for America's Future）[2]』です。私たちはこの調査からいくつか重要な点を抜粋して、共有します。それによると、アメリカの学校にはいくつかの懸念があります。

1　子どもたちのパフォーマンスに対する期待が低い
2　新任教師に対するインダクションが不十分
3　成功ではなく失敗につながるような学校の構造

報告書では、三つのシンプルな前提を挙げています。

1　子どもが何を学ぶかにおいて、一番重要な影響を持つのは、教師が何を知っていて、何ができるかです
2　有能な教師を採用し、トレーニングし、定着させることが、学校を改善するための中心的な戦略です
3　教師がしっかりと教えられる条件を整えない限り、どんな学校改革もうまくいきません

報告書でこれらのことが明らかになったのも、不思議はありません。

さらに調査によると、**子どもたちの達成を決定づける、唯一の最も重要な要素は、教師の専門技術**だということがわかりました。そしてしっかりとトレーニングを受けた教師は、準備をしていない教師よりもはるかに成果を上げられます。[3]

アメリカで「教師不足」や「無能な人材」の配置が問題となっているのなら、学区や州の教育機関、そして国全体にとって、**インダクションは再優先事項**とならなくてはなりません。[4]

全米学習指導・未来委員会は、さらに次のように述べています。

「学校改革の動きの中で、大切なことが忘れられています。教師の知っていること、できることが、子どもの学びに重大な影響をもたらすということです。そして、学校組織の取組によって教師のできることは大きく変わってきます。新しい教科やテスト、カリキュラムの改変も重要なスタートとなり得ますが、もし教師がそれらをうまく使いこなせなければ意味がありません」。

「学校経営方針を改善するには、中にいる人が知識や技術を持ち、サポートを受けていることが前提です。この国で子どもの学びを高めようと思えば、教師をよくする努力をするしかありません」[5]。

今こそ、そのための行動を起こすときです。教師を成長させるための努力をすることです。それには、体系立ったインダクション・プログラムに投資をするのが一番ではないでしょうか？　今後数年間で私たちの学校に入ってくる約200万人の新任教師は、数えきれないほど多くの子どもたちに影響を与えます。

私たちの未来は、その子どもたちの手の中にあります。そしてその子どもたちの教育は、教師たちの手の中にあります。その教師たち全員が、有能で思いやりがあり、資格を持った人物であるよう、私たちはできるかぎりのことをするべきでしょう。

子どもたちにとって、それは当然のことだからです。

第１章［出典と注釈］

1 Johnson, Susan Moore and Susan M. Kardos. (March 2002). "Keeping New Teachers in Mind." *Educational Leadership*, pp. 13-16.

2 Hare, Debra and James Heap. (May 2001). *Effective Teacher Recruitment and Retention Strategies in the Midwest.* Naperville, IL: North Central Regional Laboratory.

3 Pawlas, George E. (January 1999). "Help Needed: Mentors for the Next Millennium." *Teaching for Excellence Newsletter*, p. 5.

4 National Commission on Teaching and America's Future. (1996). *What Matters Most: Teaching for America's Future.* New York.

5 Jerald, Craig. (January 13, 2000). "Setting Policies for New Teachers." *Education Week*, p. 45.

6 Moskowitz, J. and M. Stephens. (1997). *From Students of Teaching to Teachers of Students: Teacher Induction Around the Pacific Rim.* Washington, DC: Palavin Research Institute.

7 North Carolina Teaching Fellows Commission. (1995). *Keeping Talented Teachers.* Raleigh, NC. Available: www.ncforum.org.

8 Gregorian, Vartan. (July 6, 2001). "How to Train and Retain Teachers." *New York Times on the Web.*

9 Brooks, Douglas. (May 1985). "The First Day of School." *Educational Leadership*, pp. 76-78.

10 Public School Forum of North Carolina. (1996). *A Profession in Jeopardy: Why Teachers Leave and What We Can Do About It.* Raleigh, NC. Available: www.ncforum.org.

11 Farkas, Steve, et al. (May 2000). "A Sense of Calling: Who Teaches and Why." Available: www.publicagenda.org.

12 Archer, Jeff (January 13, 2001). "Competition Is Fierce for Minority Teachers." *Education Week*, p. 33.

13 Reinhartz, Judy (ed.). (1989). Teacher Induction: *NEA Aspects of Learning.* Washington, DC: National Education Association. (ED313368)

14 Editors. (January 13, 2000). "Who Should Teach? The States Decide." *Education Week*, p. 8.

15 Wilkinson, Gayle A. (Summer 1994). "Support for Individualizing Teacher Induction." *Action in Teacher Education*, p. 52.

第２章［出典と注釈］

1 Jerald, Craig D. (August 2002). "All Talk, No Action." Washington, DC: Education Trust. Available: www.edtrust.org.

2 Roza, Marguerite. (April 19, 2001). "It's the Teachers, Stupid." *Christian Science Monitor.*

3 Greenwald, R., L. Hedges, and R. Laine. (1996). "The Effect of School Resources on Student Achievement." *Review of Educational Research*, 66, pp. 361–396.

4 Resta, Virginia and Leslie Huling. (1998). "Implementing a Campus-Level Support Program for Novice Teachers." Southwest Texas State University. Unpublished.

5 Ferguson, Ron. (1996). "Paying for Public Education." *Harvard Journal on Legislation*, 28, pp. 465–498.

6 Johnston, Robert. (April 5, 2000). "In a Texas District, Test Scores for Minority Students Have Soared." *Education Week.*

7 Sanders, William L. (1996). *Cumulative and Residual Effects of Teachers on Future Student Academic Achievement.* Knoxville, TN: University of Tennessee Value-Added Research & Assessment Center.

8 Haycock, Kati. (March 2001). "Closing the Achievement Gap." *Educational Leadership.*

9 Archer, Jeff. (May 5, 1999). "Sanders 101." *Education Week on the Web.* Available: www.edweek.org.

10 Archer, Jeff. (February 18, 1998). "Students' Fortunes Rest with Assigned Teacher." *Education Week on the Web.* Available: www.edweek.org.

11 Killion, J. and S. Hirsh. (March 18, 1998). "A Crack in the Middle." *Education Week on the Web.* Available: www.edweek.org.

12 National Commission on Teaching and America's Future. (1996).

13 Minner, Sam. (May 30, 2001). "Our Own Worst Enemy." *Education Week*, p. 33.

14 National Commission on Teaching and America's Future. (1996).
15 Olson, Lynn. (January 13, 2000). "Finding and Keeping Competent Teachers." *Education Week*, p. 12.
16 National Commission on Teaching and America's Future. (1996).

第3章［出典と注釈］

1 Garet, Michael, Andrew Porter, Laura Desmoine, Beatrice Birman, and Kwang Suk Yoon. (Winter 2002). "What Makes Professional Development Effective?" *American Educational Research Journal*, pp. 915–946.
2 Liebermann, Ann and Diane R. Wood. (March 2002). "The National Writing Project." *Educational Leadership*, pp. 40–43.
3 Watanable, Ted. (March 2002). "Learning from Japanese Lesson Study." *Educational Leadership*, pp. 36–39.
4 Wong, Harry K. and Rosemary T. Wong. (January 2002). "A Most Effective School." Available: http://teachers.net/gazette/JAN02/.
5 Wong, Harry K. (March 2002). "Induction: The Best Form of Professional Development." *Educational Leadership*, pp. 52–54.
6 The Gaston County New Teacher Induction Program can be viewed at www.effectiveteaching.com. Look for Gaston County New Teacher Induction Program in the product listing and click on it to watch the 5 minute program.

第4章［出典と注釈］

1 Schmoker, Mike. (2001). *The RESULTS Fieldbook: Practical Strategies from Dramatically Improved Schools*. Alexandria, VA: Association for Supervision and Curriculum Development.
2 Little, J. W. (1990). "The Mentor Phenomenon and the Social Organization of Teaching." In Cazden, C. (ed.). *Review of Research in Education*, vol. 16. Washington, DC: American Educational Research Association, pp. 297–351. As quoted in Feiman-Nemser, Sharon. (1996). "Teacher Mentoring: A Critical Review." Washington, DC:

ERIC Clearinghouse on Teaching and Teacher Education. (ED397060)

3 Huffman, G. and S. Leak. (January-February 1986). "Beginning Teachers' Perceptions of Mentors." *Journal of Teacher Education*, pp. 22-25. As quoted in ERIC Clearinghouse on Teaching and Teacher Education. (1986). "Teacher Mentoring." Washington, DC: ERIC Clearinghouse on Teaching and Teacher Education. (ED271477)

4 Johnson, Susan Moore and Susan M. Kardos. (March 2002). "Keeping New Teachers in Mind." *Educational Leadership*, pp. 13-16.

5 North Carolina Teaching Fellows Commission. (1995). *Keeping Talented Teachers*. Raleigh, NC: The Public School Forum of North Carolina. Available: www.ncforum.org.

6 Wong, Harry K. (August 8, 2000). "Mentoring Can't Do It All." *Education Week*. Available: www.NewTeacher.com.

7 Canfield, Jack and M. V. Hansen. (1993). *Chicken Soup for the Soul: 101 Stories to Open the Heart and Rekindle the Spirit*. Deerfield Beach, FL: Health Communications.

第５章［出典と注釈］

1 Bennett, William J., et al. (July-August 1998). "A Nation Still at Risk." *Policy Review*, p. 23.

2 Johnson, Susan Moore and Susan M. Kardos. (March 2002). "Keeping New Teachers in Mind." *Educational Leadership*, pp. 13-16.

3 Wong, Harry K. and Rosemary T. Wong. (2001). *The First Days of School: How to Be an Effective Teacher*. Mountain View, CA: Harry K. Wong Publications.

4 Schmoker, Mike. (1996). *Results: The Key to Continuous School Improvement*. Alexandria, VA: Association for Supervision and Curriculum Development.

5 Schmoker, Mike. (2001). *The RESULTS Fieldbook: Practical Strategies from Dramatically Improved Schools*. Alexandria, VA: As-

sociation for Supervision and Curriculum Development.
6 Wong, Harry K. and Rosemary T. Wong. (2001).
7 Heintz, Susie. (1997). *National Training Seminar Manual.* Tucson, AZ: Flowing Wells School District.
8 Wong, Harry K. and Rosemary T. Wong. (2001).
9 Wong, Harry K. (1996). *The Effective Teacher.* Mountain View, CA: Harry K. Wong Publications. Videotape series.
10 Wong, Harry K. and Rosemary T. Wong. (2001).

第6章の出典と注釈

1 Wong, Harry K. (1996). *The Effective Teacher.* Mountain View, CA: Harry K. Wong Publications. Videotape series.
2 Albert, Linda. (1996). *Cooperative Discipline.* Circle Pines, MN: American Guidance Service.
3 Marcuzzo, Trish. (1998). "That Noble Title Teacher." Mountain View, CA: Harry K. Wong Publications.
4 Wong, Harry K. (1996). "Teacher Induction, Mentoring, and Renewal." *The LPD Video Journal of Education.* Linton Professional Development Corporation.
5 Killion, Joellen. (2002). *Assessing Impact: Evaluating Professional Development.* Oxford, OH: National Staff Development Council.
6 Available: www.ctc.ca.gov/cstppublication/cstpreport.html.
7 Available: www.ctc.ca.gov/cstppublication/cstpreport.html.
8 Wong, Harry K. and Rosemary T. Wong. (2001). *The First Days of School: How to Be an Effective Teacher.* Mountain View, CA: Harry K. Wong Publications.
9 Danielson, Charlotte. (1996). *Enhancing Professional Practice: A Framework for Teaching.* Alexandria, VA: Association for Supervision and Curriculum Development.
10 Lindberg, Peter Jon. (August 2000). "Behind the Scenes on Singapore Airlines." *Travel + Leisure.*
11 Pierce, Milli. (May 26, 2001). "Bay Area Faces Shortage of Principals; Schools Struggling to Find Qualified, Willing Candidates." *San Jose Mercury News.*

12 Gilman, D. and R. Lanman-Givens. (May 2001). "Where Have All the Principals Gone?" *Educational Leadership*, p. 23.

13 Available: www.theschooldaily.com. (April 5, 2002).

14 *The News & Observer* of Raleigh, NC. (February 22, 2002).

15 Blackboard information available: www.blackboard.com.

第７章［出典と注釈］

1 Wise, Arthur E. (February/March 1997). "Teachers Are the Key." *Reading Today*, p.8.

2 National Commission on Teaching and America's Future. (1996). *What Matters Most: Teaching for America's Future.*
New York.

3 National Commission on Teaching and America's Future. (1996).

4 Fideler, E. and D. Haselkorn. (1999). *Learning the Ropes: Urban Teacher Induction Programs and Practices in the United States.* Executive Summary. Belmont, MA: Recruiting New Teachers, Inc. Available: http://www.rnt.org/publications/publications4.html.

5 National Commission on Teaching and America's Future. (1996). p. 5.

POINT

第７章のポイント

STEP 1

共有した情報

・新任教師が十分なインダクションを受けていないのは、アメリカの公立学校における主要な問題だ。

・教師が何を知っていて、何をできるかが、子どもたちの学びに最も大きな影響を持つ。

・学校をよくする唯一の方法は、教室で教える成果を上げる教師にトレーニングを行い、サポートし、定着させること。

STEP 2

変化を起こすために、あなたができること

・学校や学区での教えや学びを本気で改善しようと考えているのなら、インダクションを導入することを最優先にする。

・すでにインダクション・プログラムの効果を実感しているのなら、そのまま進める。

STEP 3

あなたの学校組織に役立つこと

・教師はトレーニングとサポートを受けると成功し、とどまる。

・教師が成功してとどまると、子どもたちは学びを達成する。

CHAPTER 7

著者について

アネット・L・ブロー

ルイジアナ州、ティボドーにあるラフォーシェ郡公立学校のカリキュラム・コーディネーター。以前は小学校及び中学校の教師をしていた。6年生、7年生の教師として、学級経営の成功に役立つTEAMS（Teamwork Enhances Achievement, Motivation, and Self-Esteem／チームワークが達成、モチベーション、自尊心を高める）プログラムを開発した。新任教師のためのインダクション・プログラム、FIRST（Framework for Inducting, Retaining, and Supporting Teachers／教師をインダクトし、定着させ、サポートするためのフレームワーク）プログラムの作成者でありコーディネーター。このプログラムは全米でトップのインダクション・プログラムの一つであり、ルイジアナ州では州全体のインダクション・プログラムの模範に選ばれている。

アネットは、これまで全国の学区やカンファレンスで、教育者向けに数百回のプレゼンテーションを行ってきた。またインダクション・プログラムを導入するためのトレーニングを学区向けに行っている。彼女の話を聞いた人は皆、プレゼンテーションにはユーザー・フレンドリーな情報が盛り込まれていて、心からインスピレーションを感じ、さらに改めて自分たちの選んだ職業に誇りが持てるという。それは最も高潔な職業――教師である。

ハリー・K・ウォン

以前は科学の高校教師として勤務していた。現在は教育の分野で、最も人気のある講演者。妻のローズマリーと共にベストセラー『The First Days of School』（『世界最高の学級経営』東洋館出版社）の著者。本書は史上最も多く、広く読まれている教育書の一冊となっている。ハリーはこれまで主要な教育のコンベンションや世界中の何千という学校、学区で100万人以上の教育者に向けて講演を行ってきた。

ハリーは講演や著書を通じ、新任教師のインダクションという概念を1980年代初期から紹介してきた。当時からいくつかの学区では、彼の推奨する方法で新任教師のトレーニングを行っていた。さらにインダクション・トレーニングが広まり、学区同士がアイデアを共有するようになると、ハリーは「事実上の情報センター」となった。本書『New Teacher Induction』では、彼が20年間で蓄積してきたアイデアやリソース、体験を共有している。

稲垣みどり［訳］

翻訳者。上智大学文学部英文学科卒業。幼少時の大半をヨーロッパで過ごす。日本興業銀行（現・みずほ銀行）を経て外資系金融会社に勤務。主な訳書に『大統領の疑惑』（キノブックス）、『世界最高の学級経営』『LAGOM』（東洋館出版社）、『アイコン的組織論』（フィルムアート社）、『最強のポジティブチーム』（日経BP社）。共訳書に『スパイス三都物語』（原書房）、『呼び出された男―スウェーデン・ミステリ傑作集―』（早川書房）などがある。

世界基準の教師の育て方

NEW TEACHER INDUCTION

——新任教師を成功させる育成プログラム

2019（平成31）年3月8日　初版第1刷発行

著　者　アネット・ブロー／ハリー・ウォン

訳　者　稲垣みどり

発行者　錦織圭之介

発行所　株式会社 東洋館出版社

〒113-0021　東京都文京区本駒込5-16-7

営業部　電話 03-3823-9206：FAX 03-3823-9208

編集部　電話 03-3823-9207：FAX 03-3823-9209

振　替　00180-7-96823

URL　http://www.toyokan.co.jp

［装　丁］　中濱健治

［本文デザイン］竹内宏和（藤原印刷株式会社）

［印刷・製本］　藤原印刷株式会社

ISBN978-4-491-03658-8　　Printed in Japan